Das Grotto
im Oltner Pfarrhaus

knapp

Hanspeter Betschart

Das Grotto im Oltner Pfarrhaus

Mit Zeichnungen von
Gregor Müller

knapp

Inhalt

Der Wein ist ein Wunder aus Sonne
und Erde.

Er ist Licht auf der Zunge
und Feuer in Geist und Herz.
Einen Spielmann des Gemütes
nannte der grosse Prediger
Abraham a Santa Clara den Wein.
Wein ist die Seele festlicher Stunden
und das Siegel liebster Begegnungen.
Wein ist Trost im Weinen
und die Apotheke des Kummers.
Wein ist das Schloss der Träume
und das Amen des grossen Erfolges.

Wein ist der Pulsschlag des Herzens
und der Liebe.

Motto im Grotto

Fra Corrado und der «Merlot dei Frati» Cappuccini di Lugano

Im Jahre 2006 feierte der Tessiner Merlot seinen hundertsten Geburtstag. Unter den Vorkämpfern für einen guten Tessiner Qualitätswein war auch der legendäre Kapuziner Fra Corrado Bless aus dem Kloster in Lugano.

Der Bauernsohn Konrad Bless mit dem Jahrgang 1920 stammte ursprünglich aus Jona und wollte schon mit 16 Jahren im Luzerner Kloster Wesemlin in den Kapuzinerorden eintreten. Man bedeutete ihm, er solle zuerst eine Lehre machen und sich dann nach der Rekrutenschule wieder melden. Darauf wanderte der junge Mann über den Gotthard und fand im Tessin Aufnahme in den Orden.

Nach dem Noviziat im malerischen Klösterchen von Bigorio zeigte sich in Lugano schon bald sein eigenständiger Charakter. Neben der Tätigkeit als Klostergärtner belebte er die uralte franziskanische Tradition der Almosensammlung wieder neu. Den ganzen Winter über war Fra Corrado jeweils im Mendrisiotto und im Val Blenio unterwegs und bat die Leute um milde Gaben für das Kloster.

Sein eigenes Arbeitsgebiet war der grosse Obstgarten des Klosters von Lugano. Er besuchte Kurse und Schulen und wurde ein tüchtiger Önologe. Mit grossem Können pflanzte er den Merlot an, die ideale Rebsorte für den Tessiner Boden.

Wegen seines Fachwissens übergab ihm der Kanton auch verschiedene Weinberge von Bauern, die nicht in der Lage waren, den Weinbau voranzubringen. Auf diesen Weinbergen in der Crespera von Breganzona, in Bioggio und in der Capriasca arbeiteten auch Häftlinge mit, die den offenen

2005
LAUDATO SII MI SIGNORE

Strafvollzug genossen. Doch nicht alle Mitbrüder waren erfreut über diese Sorte von Tischgenossen.
Fra Corrado war eine Schlüsselfigur in der Entwicklung des Tessiner Weinbaus. Seine Weine präsentierte er an verschiedenen Wettbewerben. Mit dem «Merlot dei Frati» gewann er im Jahre 1964 an der Expo in Lausanne die Goldmedaille. Sein Wissen über den Weinbau verbreitete er in Fachartikeln, die später von Giuseppe Zois im Buch «Fra Corrado. Il cantico della natura» zusammengestellt wurden.
Der populäre Fra Corrado war eine kantige, knorrige und bodenständige Persönlichkeit, doch stets überaus jovial und von franziskanischer Einfachheit. Immer trug er die Kutte, die er sich eigens zuschneiden liess, etwas kürzer und ärmellos, um auf den Feldern arbeiten zu können. In den Sandalen steckten die blossen Füsse. Sein kluger Rat und seine pointierte Meinung waren überall gefragt, auch immer wieder im Tessiner Fernsehen.
Fra Corrado starb ganz plötzlich im November 1987. Wie er immer wieder betonte, sollte auch sein hervorragender Merlot nicht zu alt werden, denn: «Der Merlot ist kein Bordeaux»!

***

Glücklicherweise hat Fra Corrado im gebürtigen Bündner Fra Bernardo Masnada rechtzeitig einen tüchtigen Helfer und seit zwanzig Jahren einen äusserst kompetenten Nachfolger gefunden. Geschult im Weinberg des Klosters Sitten hat Fra Bernardo unterdessen aus Americano-Trauben auch einen feinen Weisswein kreiert, der bei allen Besuchen im grossen Kloster-Grotto von Lugano kredenzt wird.
Zu den eifrigsten Besuchern zählen seit zwanzig Jahren treue Transportequipen, die den Kapuziner-Merlot für den Generalvertreter durch den Gotthard-Tunnel in die Deutschschweiz führen. Kräftige junge Leute hieven die schweren Holz-Harrassen mit den 36 Euro-Norm-Flaschen früher in

den Stanser Kollegibus und seit 1998 in verschiedene Kleinbusse der Region Olten.
Nach dem feinen Mittagessen im Kloster Lugano «da Fernanda» gibt es stets einen exzellenten starken Kaffee mit einem Gläschen «Grappa nostrana» oder einem Schlücklein vom hauseigenen Nussschnaps «Rataffià». Dann gilt es, im Grotto den neuen Merlot zu kosten und zu kommentieren. Danach erhält jeder junge Mann von Fra Bernardo ein Fläschchen Weisswein für die Mamma, auch wenn kaum eine der besorgten Mütter diese spezielle Bottiglia ohne Etikette je gesehen hat!
Unvergessen bleiben die winterlichen Transporte vom 27. Dezember am Festtag des Weinpatrons St. Johannes Evangelist mit dem muskulösen ehemaligen Schweizergardisten und Romspezialisten Giovanni A4 und Don Alberto Volpetti von Stans, der einmal in grosszügigster Weise eine ganze Wagenladung zugunsten der Libanon-Aktion aufgekaufte. Der Reinerlös ging in unser Sozial-Zentrum für behinderte Jugendliche in Taalabaya in der libanesischen Bekaa-Hochebene.

***

Unvergessen bleibt der vierzigste Geburtstag des ehemaligen Kapuzinernovizen und «Blick»-Chefredaktors beim Apéro im neu gestalteten Garten des Klosters von Olten mit viel lokaler, regionaler und sogar nationaler Prominenz. Beim Festessen im «Rathauskeller» sass der Präsident der städtischen CVP sinnigerweise zur Rechten und der Präsident des Stadtparlaments von der FDP zur Linken des Martinspfarrers. Gegenüber aber thronte der weit über unsere Region hinaus bekannte «Fuhrhalter», Nationalrat und SVP-Exponent Ueli Gietzendanner und sprach feierlich die geflügelten Worte: «Pater, den nächsten Transport übernehme ich!»
Und in der Tat sollten in Lugano bald darauf dreissig Merlot-Kisten für einen seiner gewaltigen Lastwagen bereitstehen. Wegen eines kleinen Kommunikationsproblems konnte

dann aber der protestantische deutsche Chauffeur mit dem wunderschönen Vornamen Hanspeter eine weitere Nacht im Tessin bleiben, bei der Klosterköchin Fernanda das Nachtessen und bei Fra Bernardo das Luganeser Kloster-Grotto geniessen.
Am Morgen um sechs Uhr fuhr er mit dem kostbaren Saft gegen Norden, mittags halfen wir ihm in Olten beim Abladen und am Nachmittag genossen die beiden Hanspeter dank der SVP in parteiübergreifender Harmonie mit CVP- und FDP-Leuten im nördlichen Grotto der SP-Stadt den neuen Merlot aus dem schweizerischen Süden. Ein prächtiger Anblick! Über Tausend Merlotflaschen, die im Pfarrhauskeller friedlich ihrer feierlichen Entleerung entgegenschlummern.

***

Unvergessen bleibt auch der Merlot-Transport 2007 durch die jungen Männer des internationalen deutschsprachigen Kapuzinerpostulates im Kloster Olten. Der überaus herzliche Empfang durch die Mitbrüder von Lugano wurde abgerundet mit einem Besuch des Klösterchens in Bigorio, wo wir edlen Kastanienhonig zuluden. Während die kräftigen zukünftigen Kapuziner später in Olten die schweren Kisten in den Keller schleppten, rannte der Pfarrer mit Geschirr, Gläsern, Salami, Käse und Brot zwischen Wohnung und Grotto hin und her.
Und da passierte ein doppeltes Malheur. Der Chefweinhändler schlug den rechten Fuss derart ungeschickt gegen eine der Kisten, dass die mittlere Zehe brach, enorm anschwoll, ihn für einen Monat in mehr als verdienter Busse zum humpelnden Greisen machte und für vier Wochen jede liturgische Kniebeugung verunmöglichte.
Zu allem Elend brach dann bei einer der maroden Weinkisten auch noch der Boden durch, zehn Flaschen verscherbelten im Hauptraum des Kellers und machten ihn zu einer wüsten Krimiszene: überall zersplittertes Glas und ein rotes

Blutbad! Die angehenden Minderbrüder aber schaufelten und fegten alles feinsäuberlich weg, eine wahre Freude, die ein ebenso freudiges Gelage zur Folge hatte, derart intensiv abgerundet mit diversen scharfen Wässerchen, dass der dünnste Jüngling, der zarte Stipe, im Kloster in die falsche Zelle torkelte, einen alten Mitbruder aus dem Tiefschlaf aufschreckte und den Guardian und Postulatsleiter zur Bemerkung verleitete, dass künftig im Tessin nur noch Honig geholt werden dürfe!

***

Die Etikette des Kapuziner-Merlots von Lugano ist über alle Jahre hinweg dieselbe geblieben. Auf dem blauroten Hintergrund des Tessinerwappens reichen sich zwei bärtige Klosterbrüder über die Weinpresse hinweg die Hände, doppelt gerahmt von einer Strophe des Sonnengesangs: «Laudato sii mi Signore per sora nostra terra» - «Gelobt seist Du mein Herr für unsere Schwester Erde.»
Bei den Hochzeiten schenke ich den Neuvermählten stets eine unserer Kapuziner-Merlot-Flaschen mit dem Rot der Liebe, dem Blau der Treue und dem Segen für eine fruchtbare Zukunft.
Früher sah man auf der Rückseite unserer Edelprodukte das Signet der privaten Tessiner Kleinproduzenten und darunter den italienischen Weinspruch: «Seit Jahrhunderten habe ich meine Wurzeln in der fruchtbaren Erde der Gegend von Lugano. Die alten Klosterkeller haben meinen freien Charakter geformt. Lade mich ein an deinen Tisch! Nimm mich mit Bescheidenheit! Die Sonne, die mir einen solchen Reichtum geschenkt hat, wird dich erleuchten!» Und beim Einschenken gilt der sinnige Zuspruch meines begnadeten Meistergraphikers Carolus Magnus: «Gott segne Deine Hand!»
Doch langwierige Degustierer und hartnäckige «Höckeler» warnt immer noch die nicht gerade höfliche, dafür grundehrliche, unverblümte und lapidare Quintessenz des älteren

Begleitspruchs: «Sono robusto e forte» - «Ich bin stark und kräftig!» - «Quindi, prendimi con cautela!» - «Also, nimm mich mit Vorsicht!» - «Altrimenti ti dominerò!» - «Sonst werde ich dich beherrschen!»

Der «Lago di Merlot»

Drei Wochen nach meinem Amtsantritt in Olten feierte die St. Martinspfarrei zusammen mit der renommierten St. Martinsbruderschaft in einem Festgottesdienst ihr Patrozinium. Nach dem Pfarrei-Apéro im «Bibliotheksaal» lud die Bruderschaft im Josefsaal zu ihrem 57. Martins-Mahl ein mit der feierlichen Aufnahme der neuen Gesellen und der Ernennung von neuen Martinsbrüdern. Nach der edlen Mantelspende und der Ansprache des weltlichen Ehrengastes hatten die übrigen Gäste das Wort. Selbstverständlich erwartete man hier eine persönliche Vorstellung des neuen Martinspfarrers.
Ganz spontan erinnerte ich an die «Caritas Sancti Martini». Wenn schon unser Kirchenpatron mit seiner weltberühmten Liebestat derart grosszügig seinen Mantel geteilt hat, so sollte doch der neue Pfarrer aus dem Bettelorden der Kapuziner seinen riesigen Garten teilen, also den geschützten hinteren Teil zwischen Kirche, Alterszentrum und Pfarrhaus als Pfarreigarten öffnen und vor allem der betagten Nachbarschaft zur Verfügung stellen.
«Das kannst Du nicht selber entscheiden, dazu musst Du Deine Gremien fragen!» rief ein kleinwüchsiger, aber stimmgewaltiger 87-jähriger Pfarrresignat laut und bestimmt in den Saal. Beflügelt vom Fest-Apéro replizierte ich am Mikrophon ebenso zügig: «Ich möchte meinem Vor-Vor-Vor-Vorgänger mitteilen: Du darfst noch reden, zu sagen hast Du nichts mehr!»
Die heitere Zustimmung im Saal und ein Legat aus dem Altersheim St. Martin ermöglichten eine zügige Umsetzung dieser Idee. Schon präsentierte der Hauswart Pläne mit einem kleinen, einem mittleren und einem grossen Teich, der sogar ein Inselchen mit einer Brücke umspülen sollte. Um genügend Rasen zu haben, entschieden wir uns für die

SITZBANK
BRÜCKE
INSEL
H_2O
SITZBANK
SITZBANK
TISCH
H_2O
SITZBANK
SITZBANK

mittlere Wasserfläche und erleben nun jedes Frühjahr in bedrückender Weise mit, wie ein balzendes Stockentenpaar nach zwei, drei Wochen wieder abziehen muss, weil für den Nestbau nicht genügend Fluchtdistanz bleibt. Eifrig wie Buben beim Sandburgenbau machten sich Sakristan Stefan und Hauswart Andy mit einem kleinen Trax an den Aushub und die Realisierung des Biotops. Rundherum entstanden rollstuhlgängige Spazierwege. Der unvergessliche, inzwischen verstorbene Hugo Wey machte sich in seiner unkompliziert direkten Art auf die Suche nach Sponsoren, die wetterfeste Bänke und Tische berappten und zum Dank mit ihren Namen zieren durften.
Kurz vor der Einweihung kam aus der SBB-Werkstätte auf verschlungenen Wegen eine Metalltafel daher und wurde auf dem grössten Stein im Teich befestigt: ein blaurotes Tessinerwappen mit der goldgelben Aufschrift «Lago di Merlot». Blühende Seerosen schützen die roten Zierfischchen. Aber immer wieder steht plötzlich ein malerischer Reiher im Teich, zuerst zur Freude der kunstsinnigen Pfarreisekretärin. Aber seit sich das dürre Langbein blitzschnell den dicksten Fisch schnappte, wird er mit energischem Händeklatschen vertrieben.
In jüngster Zeit mussten fünf zu gross oder krank gewordene Bäume gefällt werden. Trotzdem ist der 150-jährige Park immer noch ein kleines Paradies für Vögel aller Art, von den Tauben bis zu den Krähen. Tags besuchen die Katzen und Hunde der Nachbarschaft die Gartenanlage, nachts sind Igel und Fuchs nicht seltene Gäste. Für die ältere Nachbarschaft und ihre Verwandten und Pflegenden ist der Pfarreigarten ein geschützter Naherholungsraum geworden, für Familien und Pfarreigruppen, für Hochzeits- und andere Apéros ein beliebter Treffpunkt. Nachtschwärmenden Tierchen, die hier ihren Pläsierchen frönten, mussten wir eine abendliche Grenze setzen.

***

Am «Lago di Merlot» sind schon erste Wunder geschehen. Spät erst kommt der Pfarrer heim. Statt den Lago ordentlich zu umkreisen, schreitet er beherzt über die Oberfläche hinweg, die Glocken verkünden Mitternacht und von hoch oben kommt eine erhabene Stimme: «Du bist mein geliebter Sohn!»
Aber das Wunder war nicht ganz koscher. Es war damals bitterkalt und der Lago dick zugefroren, die Glocken erklangen wirklich, aber die Stimme dürfte wohl gut beflügelter Einbildung entsprochen haben!

***

Das zweite Wunder geschah bei gleicher Winterkälte drinnen im Pfarrhaus am Merlot-Teich. Zwei langjährige Freundinnen hatten kurz nacheinander geheiratet, das eine Paar bekam innert kürzester Zeit im schönen schweizerischen Mittel ein kleines Pärchen, ein keckes Büblein und ein herziges Mädchen, aber beim anderen Paar hatte ich offenbar den Kindersegen zu wenig nachdrücklich erteilt.
Nach zehn Jahren waren beide Paare samt den zwei Kindern in Olten zu Gast. Das Elternpaar bezog mit dem Nachwuchs das Gastzimmer «St. Josef» mit den über fünfzigjährigen Schlafzimmermöbeln meiner Eltern Schosy und Seppi aus dem Muotathal.
Dem kinderlosen Paar zeigte ich seine Übernachtungsmöglichkeiten, die halt immer nur ein einziges Bett enthielten, das Schlafzimmer «St. Anna» der GouverTante in der Pfarrerwohnung, oben im Estrich «St. Maria Magdalena vor der Bekehrung» mit einem Lavabo und «Allerheiligen» mit einem Spucknapf oder eben den alten Kartoffelkeller mit einer «Brügi» oben für sie und unten für ihn, der vielleicht doch einmal nachts raus musste. Schon wollte die zehnjährige Braut entsetzt wieder abreisen, aber ich beruhigte sie: «Ihr

werdet in meinem eigenen Schlafzimmer im etwas breiteren Pfarrerbett übernachten. Alles ist fein säuberlich aufgeräumt und vorbereitet. Ich werde mich hinauf nach «St. Magdalenen» verziehen.»
Wir verbrachten einen fröhlichen und gemütlichen Abend, es floss kein «Magdalener», sondern ein erlesener Tropfen aus dem «Château de Margaux» im südlichen Médoc, ein Geschenk des önologisch äusserst kompetenten Ehemannes ohne Kinder. In «St. Magdalena» träumte ich anschliessend weinselig beschwingt, und als ich beim Frühstück eine entsprechende Frage stellte, errötete das kinderlose Paar nach der Nacht im Pfarrerbett ganz zart.
Nun, es ging dann nach zehn Jahren nicht neun, sondern zehn Monate und geboren wurde: Jasmin! Selten habe ich bei einem Elternpaar eine so riesige Freude erlebt wie bei diesem!
Und wie macht man einem Luzerner Landpfarrer bei der Tauffeier klar, dass er im Pfarrrödel den Doppelnamen Jasmin-Margaux eintragen muss? Mit einer reifen Magnum «Château de Margaux» natürlich!

***

Im Pfarreigarten steht ein alter Mirabellenbaum, der seit Jahren kaum noch Mirabellen brachte. Die wenigen Früchte wurden von den Spaziergängern im Nu verzehrt und schon überlegte man, ob der alte Baum nicht auch noch zu fällen und zu ersetzen sei.
Doch, wer hätte das gedacht? Im Frühling 2007 blühte der alte Mirabellenbaum plötzlich auf und setzte gewaltig Früchte an, wie wir das noch nie gesehen hatten. Unser Sakristan musste die schweren Äste rundherum unterstützen, sonst wären sie mit den vielen schweren Früchten abgebrochen. Während meiner Ferien im Spätsommer konnten unsere zukünftigen Novizen aus dem Kapuzinerkloster eimerweise Mirabellen pflücken. In der Klosterküche kochten sie tage-

lang Mirabellenkonfitüre! Über fünfzig Konfitürengläser wurden abgefüllt, versehen mit einer schönen Etikette: «Mirabellenkonfi vom Oltner Lago di Merlot». Und – pfui! – wer denkt bei einem so schönen Naturwunder an das Brennen von Mirabellenschnaps?

Der plötzlich wieder aufgeblühte und fruchtbare Mirabellenbaum im Pfarreigarten sagt uns eindringlich: Nicht alles, was die Menschen verwerfen und abschreiben, ist in der Natur schon erledigt und aufgegeben. Und – toll! – der energische frühere Pfarrer ist seither als Pensionär im Alters- und Pflegeheim St. Martin selber wieder Nutzniesser seines ehemaligen Gemüsegartens!

Das Merlot-Grotto

Nach der Wiederbelebung der Oltner Samichlausbräuche, nicht zuletzt dank einem Nidwaldner Trychler-Quartett, kamen sich Pfarrhaus und Oltner St. Niklausgruppe näher. Jahrelang hingen ihre Gewänder im Estrich des Josefsaals, also im nicht isolierten Dachstock der alten Notkirche. So haben die Samichlaus-Monturen der Katholischen Arbeiterbewegung im Sommer stets viel zu heiss und im Winter viel zu kalt.

Ich schlug deshalb dem engagierten Samichlaus-Präsidenten vor, die Gewänder im Pfarrhaus zu versorgen, von wo aus die Gruppen diskret auf ihre Familienbesuche fahren könnten. In Frage kam der grosse Raum mit der kleinen Ölheizung. In Fronarbeit entfernten beherzte «Chläuse» und «Schmutzlis» sage und schreibe drei Mulden Gerümpel, das sich im ehemaligen Kohlenkeller des Pfarrhauses über die Jahrzehnte angesammelt hatte.

Der Raum erhielt einen Holzboden und wurde weiss gestrichen. Hinter zwei Schminkpulten reihen sich nun bei gleich bleibender Temperatur Gewänder und Bärte, Bischofsstäbe und -mitren, alles was Chläuse und Schmutzlis so brauchen. Dem Pfarrer gefiel es wohl, nur eines wurmte ihn. Gleich gegenüber, vor dem Weinkeller, lag ein ebenso vernachlässigter schmuddeliger Raum, den man doch zu einem wunderschönen Grotto umgestalten könnte!

Nach einem Gläschen Merlot war der Samichlaus-Präsident für einen weiteren Froneinsatz zu haben, unter einer Bedingung allerdings, dass der Kapuzinerpfarrer einen alten Klostertisch beizusteuern habe!

Diesmal wanderten ausgediente Möbel und eine vierte Mulde Gerümpel auf die Abfallhalde. Dann wurden die beiden maroden Öffnungen der Kellerfenster neu gestaltet, Balken und Türen geschliffen, ein neuer Tannenholzboden auf die kalten Betonplatten verlegt und der ganze Raum weiss gestrichen. Die alten Hölzer und der Türrahmen aus Sandstein bilden jetzt einen tollen Kontrast! Aber noch fehlten Tisch und Stühle!

***

Da begab es sich, dass der Oltner Missionsprokurator und der Martinspfarrer wieder einmal dringend Schweige-Exerzitien machen sollten. Sie wallten in den Süden, in den Tessiner Malcantone und meldeten sich in Bigorio, im ältesten Kapuzinerklösterchen der Schweiz, hoch über Lugano und Tesserete. Und weil der Überdruck manchmal gar arg wurde, hoben die beiden braunen Brüder für das Mittagessen ihr beredtes Schweigen auf.
Beim Kaffee gesellte sich ihr Tessiner Mitbruder zum Mittagsgeplauder und vernahm das Anliegen, im fernen nebligen Olten, oben im hohen Norden ein Grotto mit einem alten Klostertisch auszurüsten und darauf die Merlot-Sonne zum Perlen zu bringen. Nur eben, es stand kein freier Tisch herum!
Aber der «Frate» wusste trotzdem effizient zu helfen. Er telefonierte kurzerhand dem bewährten Schreiner Enzo Lepori in Sala di Capriasca und schenkte den beiden Deutschschweizern wacker Grappa ein. Schon sass Enzo, der die stabilen Klostertische von Bigorio geschreinert hatte, hinter einem vierten Gläschen und fragte listig nach der Länge eines solchen Spezialtisches, gefertigt aus zwanzigjährigem Kastanienholz.
Die Oltner Pfarreisekretärin gab telefonisch die Masse durch, Schreiner Enzo errechnete für einen Tisch mit zwölf Stühlen seinen Preis und der Pfarrer verschluckte sich schwer. Der schlaue «Frate» füllte die Grappagläser tüchtig nach und während die Hintergrundgeräusche über das Grounding der Swissair berichteten, schlugen wir die Rechten ein für einen leicht kürzeren und etwas weniger

teuren massgefertigten Grotto-Tisch mit zehn Tessinerstühlen. DUBE-Reisen sei's gedankt, dem kleinen Reisebüro Duss & Betschart in Stans!
Geplant war eine feierliche Überführung des holztechnischen Wunderwerks durch die ganze Equipe von Bigorio. Aus St. Gallen liessen wir die gewünschten feinen Olmabratwürste kommen und die GouverTante bereitete eine herrliche Butterrösti vor. Doch exakt an diesem Tag geriet der Gotthardtunnel in Brand und der Tisch kam dann halt ohne feierliche Begleitung mit einer Transportfirma nach Olten.
Im Pfarrhaus bugsierten sechs starke Männer den schweren Tisch Millimeter genau durch die engen Türen ins Grotto. Dann liessen sich alle auf die neuen Tessinerstühle mit ihren geflochtenen Sitzflächen nieder und prosteten einander feierlich zu. Und in Boccalini mit den Tessinerfarben funkelte der feine Merlot.

***

Noch fehlte eine stimmige Beleuchtung! Sollten die Kellerlukarnen angestrahlt oder die Stirn- und die Rückwand mit einem Spot beleuchtet werden, sollte vielleicht eine moderne Leuchtschiene die Gewölbehöhe durchlaufen? Die Lösung brachte eine Taufvorbereitung im Grotto. Während die junge Mutter sich bald einmal für das Rückbildungsturnen verabschiedete, philosophierte der Vater, ein passionierter Lampensammler und stolzer Besitzer eines Oltner Weinbergs bei stetigem Merlot-Zufluss so intensiv mit dem Pfarrer, bis eine handgeschmiedete Leihgabe mit Laubblättern herausschaute und der Lampenspezialist mit Hilfe etlicher Gartenzäune seinen Weinberg suchte, der dann später vom Pfarrer beschwingt eingesegnet wurde.
Im Verlaufe der Zeit erhielt das Grotto drei wunderschöne Kerzenständer, eine Heizung und einen Ventilator für kettenrauchende «Samichläuse». Zur Einrichtung gehört auch eine barocke Tischkredenz. Auf ihr bewacht der kleine höl-

zerne Bruder Pankraz eine grosse Flasche «Vieille Prune», ein Geschenk der FDP im Kirchenrat, während die CVP-Fraktion absolut kein Musikgehör dafür hatte, ein ähnliches Geschenk in den zweiten Flaschenständer zu stellen.
Ausgerüstet mit einem Hundertfranken-Gutschein fragte ich die Verkäuferin in einem renommierten lokalen Spirituosengeschäft nach dem Preis für eine entsprechende Flasche «Marc». «Under achtzig», sagte sie in unverwechselbarem, balkanischem Akzent. «Unter achtzig», dachte ich, «das geht!» Nur waren es dann «hundertachtzig» Franken, die seither die Gäste mit «Marc» erfreuen.

Mein Schreiner-Cousin zimmerte aus den paar schmalen, noch unverbogen gebliebenen Brettern des Nussbaumtisches meiner Grosseltern mütterlicherseits ein praktisches Gestell für die Boccalini, und daneben platzierte ein Innerschweizer Künstler in dieser bacchantischen Umgebung als dringend erforderliches christliches Zeichen ein Erstkommunionkreuz, das sich äusserst diskret hinter einer grossen Weintraube versteckt.
Seither können auch höhere Ordensobere, Prälaten, Äbte, Bischöfe und Erzbischöfe in sehr gediegener Atmosphäre den gespreizten Ausführungen des höchsten anwesenden Ortsgeistlichen folgen und anschliessend dem obligaten Käseplättli und dem Ehrenwein zusprechen.
1975 wurde das Kurhaus «Honegg» auf dem Bürgenstock aufgegeben. Das mondäne 120-teilige Tafelgeschirr kam als Schenkung ins Kapuzinerkloster Stans und vertrieb dort die bescheidenen Blechteller der heiligen Armut. Und aus dem Nachlass des ehemaligen Klosters Stans, wo der «Grottobesitzer» viele Jahre gedient hat, kamen weisse Teller und das Silberbesteck in zwölffacher Ausführung ins Kellergewölbe.
Die Türe zum Merlot-Keller ist wegen des Skandals ein echtes Tabu und darf nur notgedrungen von den kräftigen Leuten diskreter Transportequipen durchquert werden. Links hängt ein reifes Weintrauben-Aquarell der Pfarreisekretärin, rechts hat der Chefgraphiker des Oltner Walter- und des Martinsverlags in einer kalligraphischen Meisterleistung edle Sentenzen zur Weinkultur verewigt, die jetzt als Motto dieses Merlot-Bändchen eröffnen.
Bei der Aufhebung der Missionskistenschreinerei im Kapuzinerkloster Olten kam ganz hinten ein altes Fässchen zum Vorschein. Eigenartigerweise zögerte kein Mitbruder auch nur eine Sekunde, dass dieses Weinfässchen unverzüglich dem Kapuzinerpfarrer zu schenken sei!

***

Seit Jahren führt die Schweizergarde in der Oltner Martinspfarrei ihre Informationstagungen durch. Dabei ist es das Entzücken der Aushebungsoffiziere und des Leitungsgremiums der Ehemaligen der Garde, zuerst mit demütig gesenktem Kopf das Grotto zu betreten und dann hocherhobenen Hauptes den Schmuck der Stirnwand zu bewundern.

Kehren wir wieder an die Anfänge zurück! Die Niklausgruppe hatte das Grotto auf ihr Hochfest vom 6. Dezember hin fertig gestellt und eifrig benutzt. Man beschloss, den stimmungsvollen Raum mit den Fronarbeitern nach der strengen Advents- und Weihnachtszeit feierlich einzuweihen.

Doch dann kam das Weihnachtsfest. Nach der dreiviertelstündigen musikalischen Einstimmung in die Heilige Nacht begann um 23 h 30 der Mitternachtsgottesdienst mit einer mozärtlichen Konzertmesse. Zwei Stunden später konnte der Zelebrant der Versuchung nicht widerstehen, einigen Mitwirkenden im Grotto einen späten Umtrunk oder besser einen Frühschoppen zu spendieren.

Als der Hauptzelebrant nach der Festmesse am Heiligtag das Grotto aufräumen wollte, traf ihn fast der Schlag. An der Rückwand standen zwei echte handgeschmiedete Hellebarden! Der Pfarrer rieb sich die Augen, griff sich an den Kopf, vergewisserte sich am Grottotisch, ob er wirklich nicht träume, dann betastete er ehrfürchtig die Paradewaffen der Schweizergarde.

Wie waren die nur während der kurzen Nacht ins Grotto gelangt? Telefonate mit dem Sakristanen und mit dem Katecheten führten zu nichts. Schliesslich gab die Pfarreisekretärin den entscheidenden Tipp, und über die lachende Ehefrau gelangte ich schliesslich per Handy zum Oberchlaus. Der Präsident der Nikolausgruppe Olten hatte als junger Eisengiesser diese beiden prachtvollen Gesellenstücke geschaffen und jahrelang in seinem Wohnungsgang präsentiert.

Kurz vor Weihnachten forderte ihn seine Liebste auf, endlich mit diesen Staubfängern abzufahren.
«Ich weiss schon, wer daran seine Freude hat!», knurrte der Chlausenpräsident und platzierte die beiden Prachtstücke während dem Festgottesdienst vom Heiligen Weihnachtstag als weitere Leihgaben bei der Stirnwand.
Welch ein schlimmer Gegensatz! Am Fest der Liebe und des Friedens hat mir noch nie ein Weihnachtsgeschenk eine solche Überraschung und Freude gebracht: zwei schreckliche Waffen für Mord und Totschlag!
Natürlich kamen dann auch die Chläuse zu einem gediegenen Einweihungsfest, ebenso wie die ganze Equipe des Klosters Bigorio. Nach weiteren Olmabratwürsten, Butterrösti und vielen Zwiebeln wurde das Grotto besichtigt. Der alte Schreiner Lepori aus Sala strahlte über alle Backen und wischte sich verstohlen eine Freudenträne aus den Augen.

***

Seither hat das Grotto beim Plagieren und Pokulieren die unterschiedlichsten Leute bewirtet, einmal mitten im heissen Hochsommer eine ganze Taufgesellschaft. Die Italienermesse wollte und wollte nicht enden, die Familien warteten und schmorten beim Teich. Voller Erbarmen führte der Taufspender die schwitzende Gesellschaft samt Täufling zu einem frühen Apéro ins kühle Grotto, von dem sich der eine Grossvater fast nicht mehr trennen wollte. Jedenfalls erklang das Tauflied sehr locker und beschwingt!
Einmal hatten wir auch ungebetenen Besuch. Ein Junkie stieg durch ein Kellerfenster ein, erledigte im Merlotkeller sein stinkendes Geschäft, stahl eine Flasche ... Coca-Cola und liess seine Jacke samt Ausweis zurück. Als der gleiche Kerl anderntags wieder an der Pfarrhaustüre bettelte, platzte der sonst so gutmütigen Sekretärin der Kragen, und die Kirchgemeinde ersetzte endlich die unbrauchbaren Schutzgitter. Und in der Oltner Missionsprokura heben zwei braune Brü-

der nicht selten an einem Freitag gegen Büroschluss, wenn in der Pfarrei alles für das Wochenende gerüstet ist, ein Gläschen Merlot-Grappa auf die beseligenden und fruchtbaren Schweige-Exerzitien in Bigorio.
A propos Zölibat! In der Pfarrwohnung regiert bekanntlich die GouverTante, in den Büroräumlichkeiten die Sekretärin, auf dem Kirchenareal die Sakristanin. So bleibt dem Pfarrer als letzte kühle Zuflucht in der Hitze des Sommers und in der Winterkälte dieser heizbare Kellerraum mit seinem wundervollen Kerzenduft.

Der Triumph der Madonna

Am 15. Oktober 1998 übernahm erstmals in der römisch-katholischen Stadtgeschichte von Olten ein Kapuziner das Amt des Pfarrers von St. Martin. Es war beinahe beängstigend, wie schnell sich der Minderbruder nach dem Zuzug aus dem Kloster und dem Kollegium St. Fidelis in Stans an seine neue, wenig franziskanische Residenz gewöhnte.
Das heutige Pfarrpalais war um 1858 für Dr. Eugen Munzinger, den damaligen Chefarzt am Kantonsspital Olten als Vorstadtvilla im klassizistischen Neurenaissance-Stil gebaut und von einem prächtigen Garten umgeben worden. Zahnarzt Dr. Basil Linz liess die Villa 1916 umbauen und die Hauptfront mit einem modernen Verandenvorbau versehen. Hinter der Terrasse im ersten Stock liegt das so genannte Musikzimmer. Hoch oben an der prächtigen Stuckaturendecke mit ihren zwitschernden und schnabulierenden Singvögelchen hing beim Einzug des Nidwaldner Kapuziners einsam ein achtarmiger Leuchter, sonst war der Saal komplett leer. Wie sollte sich der mittel- und möbellose braune Kuttenmann bloss einrichten?
Im letzten Moment konnte der nachmalige Pfarrerstellvertreter, der als Guardian gerade das Kloster Sursee aufzulösen hatte, eine Kommode, einen Kredenztisch und einen Salontisch sicherstellen, um den sich vier 150-jährige Stühle gruppieren, die ebenso viele Kilos Lebendgewicht wohlbeleibter Kapuziner zu tragen vermögen. GouverTante Anna steuerte noch vier schlanke Stabellen bei für weniger rundliche weltliche Gäste. Die türlose Ostwand wurde mit den unvermeidlichen altsprachlichen Büchern des neuen Pfarrers voll gestopft, von der anderen Seite her grüsst eine hundertjährige altgriechische «Hermes Media» aus der früheren Wirkungsstätte im Kollegium St. Fidelis in Stans.
Den musikalischen Höhepunkt stiftete der damalige Vize-

präsident «in actu» des Kirchgemeinderates Olten: einen Blüthner-Flügel, den er von einem protestantischen Pfarrresignaten erworben hatte und als Leihgabe stimmen und aufstellen liess. Und nicht selten dient der Flügel seither als ökumenische Kredenz bei der Gästebewirtung.
Unvergessen bleibt die Pfarrinstallation einige Wochen später am 6. Dezember 1998. Nach dem Festgottesdienst in der St. Martinskirche und der weltlichen Feier in der «Schützi» landete eine hartnäckige Gästeschar im Musikzimmer des Pfarrhauses und leerte sämtliche Flaschen des noch jungen Weissweinvorrates, während zwei Künstler vierhändig den Flügel einweihten. Um Mitternacht erschien den «Höckelern» auch noch der «Samichlaus». Und weil der nach so vielen Hausbesuchen nur noch schlecht artikulieren konnte, setzte er sich auf einen soliden Kapuzinerstuhl und überliess das Reden dem «Schmutzli».
In den folgenden zehn Jahren ist der kleine Festsaal noch zweimal wertvoll geschmückt worden. Der ehemalige vatikanische Chef-Heraldiker Erzbischof Mgr. Dr. Dr. Bruno Bernhard Heim mit Ruhesitz in unserer Pfarrei malte dem Kapuziner ein Muotathaler «Bätschert»-Wappen, nämlich dasjenige der Familie «Gyger» zu Hürithal kurz vor dem Höllloch. Auch ohne jegliche Aussichten auf einen höheren kirchlichen Rang hat der Martinspfarrer jetzt ein erzbischöfliches Wappen, zumindest eines, das eine Exzellenz gezeichnet hat!
Das zweite Geschenk stammt vom Präsidenten der St. Niklausgruppe Olten. Der gelernte Eisengiesser hatte noch während seiner Lehrzeit mit grossem kunsthandwerklichem Geschick eine moderne Madonna modelliert, abstrakt und doch genügend konkret, in einer schlanken S-Kurve. Die Gottesmutter, eine schwarze 34 cm hohen Eisengussskulptur, umarmt und betrachtet liebevoll den kleinen Jesusknaben.
Allerdings muss der geistliche «Hausherr» beschämt gestehen, dass diese wunderschöne kleine Madonna jahrelang weder von ihm noch von frommen Besucherinnen und

Besuchern genügend verehrt wurde. Der marianische Dornröschenschlaf war dann aber nach fast zehn Jahren schlagartig zu Ende, als sich ein drittes Geschenk ankündigte. Für die Hintergründe müssen wir – ach! – in die zweite Seele des Latein- und Griechischlehrers abtauchen und etwas weiter ausholen!

***

Um 360 vor Christus schuf Praxiteles, der Hauptmeister der spätklassischen Plastik der Griechen, das berühmte Bronzeoriginal der Kultstatue der Aphrodite von Knidos. Noch der antike Schriftsteller Plinius der Ältere schwärmte in seiner «Naturalis historia» (36,20) im ersten nachchristlichen Jahrhundert von der perfekten Naturnähe und der verführerisch schimmernden Patina bei der Oberflächenbehandlung einer erstmals völlig nackt dargestellten Liebesgöttin. Wohl frisiert entsteigt sie eben dem Bade und verhüllt ihre weibliche Blösse nur andeutungsweise mit den Armen und Händen in graziler Grandezza voller anmutiger Sinnlichkeit.
Die zahlreichen Kopien erreichten den künstlerischen Rang des Originals nie mehr auch nur im Entferntesten. Die wertvollste der vielen römischen Marmorkopien besitzen ausgerechnet die Vatikanischen Museen, geschickt versteckt platziert und daher nur Eingeweihten bekannt und von ihnen aufgesucht im turmartigen Vorsprung des Palazzetto del Belvedere, im so genannten Kabinett der Masken. Natürlich hat der passionierte Romführer die vatikanische Venus von Knidos immer wieder besucht und verschämt und verhalten seinen Reisegruppen gezeigt. Und selbstverständlich besuchte er auch die berühmte römische Skulptur der so genannten Kapitolinischen Venus im gleichnamigen Museum in Rom, die Marmorkopie einer meisterhaft geschaffenen spiegelbildlichen Fortentwicklung des Originals von Praxiteles.
Bei einem Besuch auf Sizilien ging diese Passion des Liebhabers der antiken Kunstgeschichte sogar noch ein bisschen

weiter. Auf einer Rundreise gelangte eine fröhliche Truppe auch nach Syrakus.
Anderntags stand das archäologische Nationalmuseum auf dem Programm. Reichlich spät am Vormittag genehmigte man sich in einer Bar ein kurzes Frühstück. Wieso nicht einmal einen der Fruchtsäfte kosten, die angeblich auf Sizilien ganz besonders aromatisch schmecken? Auf der langen Liste lasen wir auch das Aroma «Rabarbaro». Wer hat schon einmal zum Frühstück auf nüchternen Magen einen frischen Rhabarbersaft getrunken? Wir nicht! Denn es war Rhabarberschnaps, und der Liquore war so bekömmlich, dass wir uns gleich noch einen zweiten und einen dritten genehmigen mussten!
Beschwingt strebten wir dann zum archäologischen Nationalmuseum und zu seinem Prunkstück im Kabinett der «Venus Landolina», benannt nach dem Altertumsforscher Graf Landolina, der diesen Marmortorso aus dem zweiten Jahrhundert vor Christus 1804 in Akradina gefunden hat. Auch ihr Schöpfer hielt sich an die knidische Aphrodite des Praxiteles.
Eben dem Meer entstiegen, rafft die so genannte «Anadyomene» mit der linken Hand ihr herabwogendes, vom Wind gebauschtes Gewand von der Seite eines Delphins. Doch was passiert jetzt plötzlich im Venuskabinett von Syrakus? Die «Schaumgeborene» lässt ihr Gewand lässig entgleiten, winkt uns mit ihrem schimmernden Silberblick ohne jede Scheu und mit beiden Händen einladend zu und gibt ganz offenkundig ihre gewohnte, dezente Zurückhaltung auf, die ihr sogar in ihrer Nacktheit den Ehrentitel «die Keusche» eingetragen hat. Oder war es halt doch nur unser verschwommener Rhabarberblick?

***

Die Mühen eines zehnjährigen Pfarramtes halfen tüchtig mit, diese heidnischen «Flausen» gründlich zu vertreiben.

Denn nach dem Dezennium kam es mit dem dritten Geschenk zur Katastrophe!
Ein kunstsinniger und grosszügiger Bekannter, der die Vorliebe des Pfarrers für die Klassische Antike kannte, schenkte ihm eines Tages eine ca. 50 cm grosse moderne Marmorkopie einer Kapitolinischen Venus mit all ihren einladenden Formen, begleitet von zwei geflügelten Eroten, die auf einem Delphin reiten.
Einer war enorm entzückt, einer, der seit bald drei Jahrzehnten antike Kunstgeschichte unterrichtet hatte! Sofort posierte die weisse nackte Schönheit «zur Bereicherung des Pfarreralltags» auf dem pechschwarzen Blüthner-Flügel und wurde mit dem Radetzki-Marsch feierlich installiert. Und gleich gegenüber stand noch immer still und bescheiden, demütig und rein die dunkle zarte Madonna.
Aber es war wie verhext, mit der mondänen Göttin kam auch eine ungute Spannung ins Palais! Und endlich rührte sich auch das fast verschüttete franziskanische Gewissen des «Hausherrn»: die sündhafte Statue einer nackten heidnischen Liebesgöttin in einem römisch-katholischen Pfarrhaus! Es ist absolut keine Entschuldigung, dass auch die Herren Offiziere der Schweizergarde und sogar der Monsignore bei der obligaten Oltner Informationstagung ihre helle Freude an der herrlichen Skulptur hatten und sie von allen Seiten bewundern wollten, lautet doch das schmückende Beiwort der Aphrodite «Kallípygos», «die mit dem wohlgeformten Rückenabsatz»!
Aber: Hatte nicht weiland der heilige Ordensgründer Franziskus von Assisi seine armen Minderen Brüder eindringlich vor weltlichen Besitztümern gewarnt, die dann in trutzigen Wehrbauten gehortet und mit blutiger Waffengewalt verteidigt werden müssen?
Ist es normal, dass ein Pfarrer aus Angst vor Dieben seine Venusstatue während der Ferien in seinem Wäscheschrank hinter drei braunen Kapuzinerkutten versteckt und sie danach – welch einmaliger Anblick! – hinter den Tüchern

der Armut wieder hervorholt, zitternd und zagend, ob sie noch da ist, während die kleine Madonna treu und mutig an ihrem angestammten Platz ausharrt?
Ist es normal, dass alle Besucherinnen und -besucher des oberen Pfarrhausstockes aufnotiert werden müssen, weil sie bei einem Verlust der heidnischen Venus sofort zum Kreis der Hauptverdächtigen gehören, während die liebliche christliche Madonna niemanden verdächtigt und sich an jedem gläubigen «Ave Maria» erfreut?
Abnormal ist, dass die kleine schwarze Madonna dank der herausgeputzten weissen Venus jetzt jeden Morgen Besuch

bekam. «O felix culpa!» – «O glückliche Schuld!» Nach des Pfarreres erleichterten Feststellung, dass der verführerische weibliche Götze noch existierte, hörte die mütterliche Schutzherrin aller Gnaden jetzt tagtäglich ihr mehr als verdientes «Ave Maria, gratia plena!», auf Lateinisch selbstverständlich!

Aber dann kam der «dies ater», ein ganz rabenschwarzer Schicksalstag! Der ärgerliche und skandalöse Tanz um das weibliche Götzenbild im Pfarrhaus fand eines Sonntags ein abruptes, verdientes und schreckliches Ende! Nach einer festlichen Taufe im Gäu bereitete der Pfarrer seine griechische Intensivwoche für die Universität Luzern vor. Dazu musste er den Flügel bewegen und dahinter eine ganz spezielle Homerausgabe aus dem Büchergestell holen.
Dabei passierte es! Das hintere Flügelbein brach krachend ein, mit grösster Mühe stützte der kleine Pfarrer den schwer lastenden Flügel, rollte ihn mit letzter Kraft ächzend zum nächsten Stuhl und senkte ihn langsam ab. Und hilflos sah er dabei mit schreckgeweiteten Augen zu, wie ganz vorne bei der Tastatur die Venus langsam kippte, kopfüber zu Boden stürzte und in tausend Stücke zersplitterte. So hatte am Ausgang der Antike der heilige Kirchenpatron Sankt Martin, «der Apostel Galliens», die heidnischen Götzenbilder von ihren Sockeln gestürzt und in Stücke gehauen. Alles Irdische ist nur schnöder eitler Tand!
Seither ist der heidnische Spuk auch im Pfarrhaus aus und vorbei. Der Triumph der Madonna ist total. Täglich erklingt ein reines kirchenlateinisches «Ave Maria, gratia plena!», an den Festtagen sogar auf Griechisch «Chaíre, María, kecharitoméne!» – «Gegrüsst seist du, Maria, voll der Gnade! Der Herr ist mit dir!»

Unser «Erzbi»

Der erster Nichtitaliener im diplomatischen Dienst des Vatikans, der in Olten aufgewachsene Titular-Erzbischof von Xanthos in Kleinasien Mgr. Dr. theol. Dr. phil. I Bruno Bernhard Heim, hat den Lebensabend seit der Emeritierung in seinem Elternhaus am Zehnderweg verbracht.
Zu Beginn seiner Diplomatenkarriere war der hoch gebildete und sprachgewandte Kleriker in Paris Sekretär unter dem damaligen Apostolischen Nuntius Erzbischof Angelo Giuseppe Roncalli, dem nachmaligen Patriarchen von Venedig und späteren Papst Johannes XXIII. Durch dessen Vermittlung schenkte der Erzbischof von Tours 1950 der St. Martinskirche in Olten die kostbare Reliquie einer Handpartikel des grossen gallischen Heiligen, die heute in einem prächtigen barocken Reliquiar aufbewahrt wird.
Nach weiteren Stationen in Wien und Bonn und nach seinem Wirken als Apostolischer Delegat der skandinavischen Länder in Kopenhagen, als Apostolischer Nuntius in Finnland und Ägypten, beendete der «Erzbi», wie die Oltner ihren hohen geistlichen Mitbürger liebevoll nannten, seine Karriere als Apostolischer Nuntius im Vereinigten Königreich von England und Nordirland, aus der Sicht des Vatikans noch immer die Krönung der Diplomatenlaufbahn, die normalerweise mit dem Kardinalat beschenkt wird.
Aber inzwischen hatten im Vatikan ein entscheidender Pontifikats- und ein kirchlicher Klimawechsel stattgefunden. Papst Paul VI. Giovanni Battista Montini erwartete von seinen Diplomaten eine ungeschminkte und beratende Berichterstattung. Dies führte Erzbischof Heim angesichts der gerade waltenden Abtreibungsdebatte in England auch unter Johannes Paul II. Karol Wojtyla weiter. Aber diese undiplomatische Klarheit kostete ihn unter dem Moraltheologen

auf dem päpstlichen Thron die Purpurwürde. Bei seiner Verabschiedung 1985 musste er sich mit der ehrenvollen Bemerkung des polnischen Papstes zufrieden geben: «Herr Erzbischof, Sie sind sehr schwer zu ersetzen!»
Es zeugte vielleicht nicht gerade von sehr sensiblem Einfühlungsvermögen von Seiten des Kapuzinerpfarrers, als wir der Exzellenz anlässlich ihres 90. Geburtstags im Jahre 2001 beim Pfarreiapéro im Josefsaal ein Paar kardinalrote Socken schenkten. Der erfahrene Kirchendiplomat ertrug es mit stoischer Ruhe und ohne mit den Wimpern zu zucken!
Immer wieder erschien seine tüchtige Haushälterin im Pfarrhaus, die rührige, ehrwürdige Sr. Regulinde aus dem Benediktinerinnenkloster St. Lioba bei Freiburg im Breisgau, stets bewaffnet mit einem handgeschriebenen Fax für die Kurie in Rom oder für die Königinmutter von England. Mit ihrer Königlichen Majestät pflegte der Erzbischof zeitlebens einen regen Austausch. Zusammen mit Sr. Regulinde weilte er auch am hundertsten Geburtstag der Königinmutter in London.
Immer wieder arbeitete der Erzbischof als ganz einfacher Gärtner im Park seiner Residenzen. Besonders berühmt aber war er in den gehobenen Adels- und Diplomatenkreisen als exzellenter Koch und besonders als Star im Cocktail-Mischen.
Davon profitieren konnte auch ein zugezogener Kapuzinerpfarrer, den er mit dem Abschieds-Cocktail und -Diner für die Königinmutter von England verwöhnte, einem Lachs-Carpaccio, für das er selbstverständlich eigenhändig die Artischocken zubereitet hatte. Auf den Heimweg gab er eine Flasche exzellenten schottischen Whisky mit, ebenfalls ein Geschenk der Queen Mum!
Trotz aller mondänen Amtsgeschäfte blieb Erzbischof Heim ein bescheidener Sohn seiner sozialdemokratisch dominierten Heimatstadt und war sich nicht zu gut, zusammen mit seiner schwäbischen Haushälterin in der Fastenzeit unsere einfachen Suppen zu löffeln oder gelegentlich im Pfarrhaus

zu essen. Für Pfarreigeistliche in argen Zeitnöten hat er sogar ein leicht fassliches kulinarisches Handbüchlein geschrieben.

***

Erzbischof Bruno Bernhard Heim ist bekannt geworden als begnadeter und weltberühmter Heraldiker. Über die hohe Kunst der Wappenkunde publizierte er etliche Fachbücher. Seine Dissertation ist bis heute ein historisches und juristisches Standardwerk, das in fünf Weltsprachen übersetzt wurde. Stolz zeigte er auch immer wieder seinen Entwurf für das Papstwappen von Karol Wojtyla.

Als der Luzerner Theologieprofessor Dr. Kurt Koch zum Bischof von Basel gewählt wurde, brauchte auch er ein bischöfliches Wappen. Erzbischof Heim hat unserem Diözesanbischof einen grünen Dreiberg gezeichnet und drei weisse Kochlöffel hineingesteckt.

Als dann in Freiburg im Uechtland Monsignore Bernard Genoud Bischof wurde, erinnerte Erzbischof Heim daran, dass «le genou» auf Französisch Knie heisse, und malte dem neu gewählten Bischof ein silbernes Knie in das Wappen.

Nun ist mein ehemaliger Novizenmeister in Abu Dhabi zum hochwürdigsten gnädigen Herrn von Arabien geweiht worden. Und seither zerbreche ich mir den Kopf, was der verstorbene Heraldiker dem neuen Kapuzinerbischof wohl ins Wappen gezeichnet hätte? Mein ehemaliger Novizenmeister heisst nämlich: Pater Dr. Paul Hinder!

***

Als der Erzbischof immer gebrechlicher und pflegebedürftiger wurde, zog er um in unser Alters- und Pflegeheim St. Martin. Und als es langsam ans Sterben ging, besuchten ihn der Bischof und der Generalvikar der Diözese Basel, aber auch Pater Dr. Walbert Bühlmann. Der Oltner Kapuziner gab dem alten Kirchenfürsten in bester barocker Ordenstra-

dition zu verstehen, dass akademische und kirchliche Titel bald nichts mehr gelten würden und dass jetzt die Sterbesakramente mit Reue und Busse anstünden. Erzbischof Heim meinte dazu nur trocken: «Ich habe dies zwar jüngst schon zweimal gefeiert, aber nützt's nichts, so schadet's nichts!»
Dann suchte ihn sein einstiger Studienkollege auf, der alte Pfarrresignat von Olten, und meinte: «Gell, Bruno, wenn Du gestorben bist, dann kommt sicher der beredte deutsche Baron von Donnersmark und hält eine schwungvolle Würdigung!» Der eingesunkene greise Erzbischof richtete sich in seinem Rollstuhl nochmals auf und korrigierte: «Nicht Baron, Graf!»
Gegen Abend des 17. März 2003 verstarb Erzbischof Heim im Alterszentrum St. Martin. Am nächsten Tag kam die Meldung von seinem Tod in den Mittagsnachrichten und danach klingelte im Pfarrhaus pausenlos das Telefon. Die Ritter des Souveränen Malteser Ordens und viele andere wohl platzierte Spitzen der Gesellschaft wollten wissen, wann denn seine Beerdigung stattfinden werde. Aber die Schweizerische Bischofskonferenz weilte in unserem Kapuzinerkloster Bigorio in Klausur und blieb unerreichbar, nur aus dem fernen Japan meldete sich ein Basler Bischofsvikar und gab deutlich zu verstehen, dass ich die Feierlichkeiten an seiner Stelle selber zu organisieren hätte! Gleichzeitig gab er der Hoffnung Ausdruck, dass der Apostolische Nuntius nicht wieder sein obligates «Ave Maria» singen möge.
Das letzte Telefonat kam gleichentags gegen 22 Uhr. Ein schneidiger deutscher Monsignore aus dem Staatssekretariat, der Etage unter der Papstwohnung im Vatikan, wollte vom zuständigen Pfarrer zackig wissen, ob Erzbischof Heim würdig und wohl versehen mit den Sakramenten der römisch-katholischen Kirche gestorben sei. Ich gab ebenso zackig zur Antwort: «Exzellenz, wir haben ihm dreimal die Sterbesakramente gespendet, das dürfte auch für Rom genügen!» Darauf wurde am anderen Ende der Leitung im Papstpalast aufs Zackigste aufgelegt.

***

Der Pfarrer aus dem Bettelorden hielt für Erzbischof Heim daheim im Kreis der Verwandten und Bekannten eine bescheidene Trauerfeier in der Marienkirche seiner Heimatgemeinde Neuendorf im Gäu und setzte den verdienten kirchlichen Würdenträger vor der Südmauer der Pfarrkirche, zu Füssen des selbst entworfenen Wappen-Epitaphs mit allen kirchlichen Stationen und Ehrentiteln bei.
Wenig später aber versammelten sich im Pfarrhaus von St. Martin zu seinen Ehren vier Erzbischöfe, vier Bischöfe, vier Äbte und der Basler Generalvikar und zogen unter der zeremoniellen Regie des Ortspfarrers feierlich in die Oltner St. Martinskirche ein, wo gegen Abend der offizielle Abschiedsgottesdienst gefeiert wurde, in Gegenwart des Apostolischen Nuntius, von viel geistlicher und weltlicher Prominenz und unter grosser Anteilnahme der Bevölkerung.
Die glanzvolle Ehrenpredigt hielt selbstverständlich Pater Augustinus Heinrich Graf Henckel von Donnersmark, Prämonstratenser-Chorherr der Abtei St. Johann in Duisburg-Hamborn, Ritter des Souveränen Malteser-Ordens, Komtur des Ritterordens vom Heiligen Grab zu Jerusalem und im sonstigen Leben eigentlich Prediger an der Hohen Domkirche zu Köln. Und der Apostolische Nuntius in der Schweiz und im Fürstentum Lichtenstein, der Titularerzbischof von Martana Mgr. Pier Giacomo De Nicolò sang als Tenorsolist laut und innig das «Ave Maria».
Nach dem Essen im Josefsaal holte der kleine Kuttenmann in der St. Martinskirche die erzbischöflichen Insignien vom Katafalk weg, wanderte mit Mitra, Manipel, Brustkreuz und Siegelring ins Pfarrhaus zurück und räsonierte vor sich hin: «Wie sähe das wohl aus, wenn ich einmal diese edelsteinbesetzte erzbischöfliche Mitra tragen würde?» Gedacht, getan! Der Bettelbruder stellte sich vor den grossen Spiegel, setzte die prunkvolle Inful auf und ... sah nur noch schwarz!
Wegen der beeindruckenden Kopfgrösse des verblichenen

Erzbischofs rutschte dessen Mitra vorbei am kleinen Kapuzinergrindili gleich auf die Kuttenschultern hinunter: Hochmut kommt vor dem Fall!
Um Mitternacht klingelte es an der Türe. Der Apostolische Nuntius hatte im Pfarrhaus seinen hohen Kaba-Schlüssel vergessen und den Sekretär zurückgeschickt. So konnte der Vatikandiplomat in Bern gegen ein Uhr in der Frühe sein erzbischöfliches Schlafzimmer doch noch aufschliessen.
Sicher aber hat «unser Erzbi» schon längst seine himmlische Ruhe gefunden und schaut zusammen mit den schon fast heiligen Päpsten Johannes XXIII. und Johannes Paul II. zugleich gütig schmunzelnd, aber auch leicht besorgt auf sein geliebtes Olten und die St. Martinskirche hinunter.
Und stirnrunzelnd bemerkt das himmlische Trio, wie das vereinsamte erzbischöfliche Scheitelkäppchen inzwischen im Kleiderschrank eines Minderbruders liegt und der sich lichtende Kapuzinerschädel seither nicht selten anmassend in erzbischöflichem Rubinrot funkelt.

Oltner Pfarrhaus-Fioretti

Ein Pileolus

Ein wohlbeleibter, instrumental und vokalisch äusserst begnadeter Musiklehrer am Kapuzinerkollegium St. Fidelis in Stans wollte seinen Unterricht zur Gregorianik mit einer lateinischen Messe im altehrwürdigen Kirchenbezirk von Kirchbühl oberhalb des Städtchens Sempach stilgerecht abschliessen und bekrönen. Also übte er mit der künftigen akademischen Jugend eifrig die lateinischen Messhymnen und Responsorialgesänge, und dem musikalisch eher unterbelichteten geistlichen Altsprachler versuchte er in anstrengendem Nachhilfeunterricht eine einigermassen wohlklingende Präfation beizubringen.
Gegen Abend fuhren wir mit den mittelalterlich gekleideten Jugendlichen zur malerischen Sempacher Mutterkirche, schritten durch den gespenstisch wirkenden ummauerten Kirchhof mit seinen alten Steinkreuzen und leuchteten die romanische St. Martinskirche und ihren gotischen Chorraum stimmungsvoll mit Kerzen aus. Und siehe da, die beiden für den Altardienst und die Weihrauch-Inzenz vorgesehenen Maturanden hatten sich ins dichte jugendliche Haar sogar eine echte Tonsur schneiden lassen!

Auch wenn die Präfation etwas dünn und unsicher klang, wurde diese gregorianische Messfeier am mittleren Schreinaltar für alle zu einem tiefen Erlebnis, das mit einem mittelalterlichen Nachtessen in der Burg von Reiden weitergeführt wurde. Zu Minnesang und zeitgenössischer Instrumentalmusik genossen wir mit Honig bestrichene Poulets, die fein «sweet and sour» zubereitet waren, nach dem antiken Kochbuch des berühmten römischen Gourmets Marcus Gavius Apicius aus dem ersten Jahrhundert nach Christus, einziger

Stilbruch: Es wurde auch Kaffee und Zucker aus der barocken Entdeckungszeit der Neuen Welt serviert!
Am andern Tag hatte ich zwei ziemlich empörte Mütter am Telephon: Welcher hinterwäldlerische lateinfixierte Pater hat meinen Sohn dazu verleitet, seine lockige Haartracht mit einer derart unappetitlichen, käsig weissen Tonsur zu verunstalten? Schuldbewusst eilte ich zu unserem Klosterschneider Bruder Urs und bat ihn, möglichst schnell drei braune Kapuzinerkäppchen zusammenzunähen, zwei Kopfbedeckungen für die beiden durch Selbstverstümmelung geschändeten Jünglinge und eine für den Hauptdelinquenten.

Seither besitze ich einen meinem Kopf perfekt angepassten Pileolus aus dickem braunem Kuttenstoff der Kapuzinerbrüder, ein Scheitelkäppchen der Geistlichkeit, das in früheren Zeiten bei den Patres des Ordens schwarz gewesen war. Seit Jahrtausenden trägt jeder gläubige Jude eine diskrete demutsvolle Kipa, ein Judenkäppchen. In der römisch-katholischen Kirche wurde daraus eine vielfarbige Auszeichnung der Hierarchie und des klerikalen Standes.

***

Als wir das Kapuzinerkollegi Stans wegen Nachwuchsmangels aufgeben mussten, habe ich als letzter Ordensvertreter die Sakristei der Schulkapelle aufgeräumt und den ganz abgenutzten und ausgefransten violetten Pileolus des Kapuzinerbischofs Hilarin Felder «geerbt». Diese Erbschaft wurde nach dem Tod des Oltner Erzbischofs Bruno Heim durch ein viel besser erhaltenes rubinrotes Käppchen aus der Sakristei der St. Martinskirche überboten. Und seither träumten nur schlecht verhehlte, aber in einem Orden eigentlich unmögliche, verführerische klerikale Ambitionen von einem Pileolus im Purpurrot der Kardinäle!
Aber inzwischen war mein Studienkollege Pius Segmüller Oberst der Schweizergarde geworden. Unvergessen bleibt uns beiden die erste Generalaudienz auf dem Petersplatz.

Dank höchster Protektion stand ich in der Kapuzinerkutte ganz vorne an den Abschrankungen, als der päpstliche Jeep vorbeifuhr. Dahinter schritt langbeinig der höchste Sicherheitsoffizier Seiner Heiligkeit. «Sali Pius!», überschrie ich laut die «Eviva il Papa»-Rufe. Pius Segmüller lief puterrot an und drehte den Kopf abrupt auf die andere Seite, während der publikumsverwöhnte polnische Papst ebenso abrupt zurückblickte und irritiert den kleinen braunen Schreihals und dann streng seinen Obersten musterte!

***

Nach dem grausamen Mord am Vorgänger-Obersten Alois Estermann galt es jetzt, die Rekrutierungen sorgfältiger und qualifizierter durchzuführen. Für die St. Martinspfarrei ist es seither eine hohe Ehre, die römischen Offiziere der Schweizergarde und die einheimischen Rekrutierungskader der drei grossen Landessprachen bei ihren jährlichen Informationstagungen bei uns in Olten zu empfangen.
Beim Abschluss seiner vier Jahre in Vatikanischen Diensten machte mir Gardeoberst Pius Segmüller ein ganz besonderes Geschenk. In einer kleinen, vornehmen weissen Schachtel erhielt ich einen echten päpstlichen Pileolus, der von Antonio Gammarelli, dem Privat-Schneider des Pontifex Maximus in weisser Seide und feinem Gemsleder gefertigt worden war. Und mit Datum vom 20. Mai 2002 bestätigte der Privatsekretär des Heiligen Vaters Monsignore Mieczyslaw Mokrzycki, dass dieser Pileolus von Papst Johannes Paul II. getragen und dem Kommandanten der Päpstlichen Schweizer Garde geschenkt worden sei.
Bei dieser völlig überraschenden weissen Gipfelbestürmung durchzuckte riesige Freude das ehrgeizige Herz des Minderbruders und sein Kopf erinnerte sich, wie in früheren Zeiten gut situierte Rompilger beim päpstlichen Schneider einen weissen Pileolus anfertigen liessen, den sie dann dem Heiligen Vater bei der Generalaudienz zur «sedia gestatoria» hin-

aufreichten mit der Bitte, das Scheitelkäppchen einige Augenblicke zu tragen und ihnen diese «reliquia ex contactu» vom Tragstuhl herunter als bleibende fromme Erinnerung wieder zurückzuschenken.
Am folgenden St. Martinsfest hielt der weltberühmte Missiologe und Buchautor Pater Dr. Walbert Bühlmann aus dem Oltner Kapuzinerkloster die Predigt zum Patrozinium. Beim Festmahl erklärte ich der staunenden Martinsbruderschaft, dass meinen Mitbruder Pater Walbert sehr viel mit dem gegenwärtigen polnischen Papst verbinde. Sie flögen nämlich beide geistig meistens auf 10'000 Metern Höhe und hätten damit eine himmelnahe irdische Globalperspektive, aber vielleicht etwas weniger Verständnis für uns gewöhnlich Sterbliche in den engen Furchen des Alltags. Gelegentlich kämen sich Papst und Kapuzinertheologe auf ihrer Flughöhe halt auch in die Quere.
«Deshalb», so fuhr ich fort, «kann ich jetzt unserem lieben P. Walbert eine einmalige Ehre zukommen lassen, er darf vor der ganzen Festgemeinde einen päpstlichen Pileolus aufsetzen, allerdings nur für zehn Sekunden, denn mehr täte ihm nicht gut!» Doch mein Mitbruder wehrte das weisse Prachtstück bescheiden ab.
Item, für die einen ist der weisse Pileolus des verstorbenen Papstes in der Pfarrerwohnung inzwischen tatsächlich eine kostbare Reliquie geworden, aber für andere typische Schweizer bleibt er halt bloss ein vatikanisches «Sennenkäppi»!
Als ich meinem greisen vierfachen Oltner Amtsvorgänger den erzbischöflichen Pileolus seines ehemaligen Studienkollegen auf das eindrückliche silbergraue Haupt setzen wollte, liess der scharfzünige Romkritiker «sub specie aeternitatis» – «im Angesicht der Ewigkeit» das klerikale Käppi in barocker Inszenierung mit einem lakonischen Knaller theatralisch auf die Erde fallen und sagte dazu: «Das ist D-r-e-c-k!»

Das Superpelliceum

Ein Geistlicher erhält im Verlaufe seines Priesterlebens nicht selten auch persönliche Geschenke für den liturgischen Gebrauch. Besonders die Gewänder sind dann den individuellen Körpermassen angepasst.
Aber eigentlich sollten alle diese Gegenstände in einer Pfarrei vorhanden sein. So besitzt die St. Martinspfarrei Olten die Messgewänder sämtlicher liturgischer Farben gleich in doppelter Ausführung. Unter einem meiner Vorgänger waren zu den schlichten Kaseln für kleinwüchsige Zelebranten zusätzlich sehr schöne Gewänder für stattliche priesterliche Erscheinungen angeschafft worden.
Nur konnte diese präsentablen Messgewänder einzig und allein mein gross gewachsener Stellvertreter würdig tragen, der liebenswürdige Kapuzinerpater Agnell Lüthi, ein engagierter und temperamentvoller Prediger, ein allseits geschätzter Seelsorger und würdevoller Liturge. Der Pfarrer war für diese Edelkollektion schlicht eine Nummer zu klein geraten. Minimale Schwäche von Pater Agnell, der sonst schon ganz im Geruche der Heiligkeit steht: Er freute sich auch noch spitzbübisch darüber!
Nun geschah es, dass die Oltner «Missione Cattolica Italiana» dem kleinwüchsigen Pfarrer zu seinem silbernen Priesterjubiläum ein Superpelliceum schenkte, ein Chorhemd mit feinen silbergrauen Stickereien, das wie üblich in einem eleganten Faltenwurf bis über die Knie fällt. Kurzkommentar von Mitbruder Pater Agnell zum neuen italienischen «Superpellizi»: «Schau dann, dass Du nicht draufstehst!»

Wachs

Unsere grosse, eindrückliche, von einer Kunsthandwerkerin in der Pfarrei gefertigte Osterkerze steht während des Jahres beim Taufstein. Bei einer Taufe hat der Pate die Ehre, die

Taufkerze seines Täuflings an der Osterkerze zu entzünden. Für kleingewachsene Göttis halten wir dazu stets diskret einen Trittschemel bereit.
Nach der Tauffeier muss die Kerze wieder gelöscht werden. Wenn ein kurz geratener Kapuzinerpfarrer dazu nicht extra in der Sakristei das Löschhorn holen will, hebt er die Kerze herunter, es gibt einen kleinen Ruck ... und schon ist die Kutte über und über mit heissem Wachs bedeckt! Und wenn die Sakristanin «O Pia O Dulcis» dasselbe tut ... erscheint sie in der Sakristei ganz entstellt und schmerzverzerrt mit einer Wachsmaske, die wie eine veritable Totenmaske aussieht!

Zweimal Olten – St. Urban retour

An einem wunderschönen Samstagmorgen im Juni durfte ich erstmals mit dem Auto von Olten aus nach St. Urban fahren, um in der prachtvollen Barockkirche der ehemaligen Zisterzienserabtei einen Hochzeitsgottesdienst zu feiern. Da ich die Fahrzeit noch nicht richtig abschätzen konnte, war ich in Olten frühzeitig gestartet und schon sehr bald in St. Urban angelangt. Kaum dort stellte ich zu meinem Schrecken fest, dass sämtliche Trauunterlagen auf meinem Pult im Pfarrhaus liegen geblieben waren. Bei richtiger Einschätzung der Fahrzeit musste eigentlich eine Rückfahrt nach Olten noch durchaus drin liegen!
Aber nach meiner zweiten Abfahrt in Olten hatte der Samstagmorgenverkehr ganz beträchtlich zugenommen. Eine pünktliche Ankunft in St. Urban war unmöglich. Nun ruf einmal an einem Samstagvormittag in der Psychiatrischen Klinik St. Urban an und versuch einer jungen unerfahrenen Aushilfsschwester mitzuteilen, dass du der Pfarrer von Olten bist und verspätet ankommst. Die arme Schwester wird leer schlucken und verzweifelt daran denken, dass doch schon dreizehn angebliche Geistliche, sieben höhere Prälaten und drei überzeugte Päpste in der Klinik leben.

Und genau so war es! Die jugendliche Praktikantinnenstimme am anderen Ende der Leitung stöhnte verzweifelt auf und schnappte vergeblich nach Luft. Umso erleichterter war dann das Aufatmen, als ich gleich den Sakristanen verlangte, mit vollem Vor- und Familiennamen. Und nach einer viertelstündigen Verspätung konnte auch die Hochzeitsfeier beginnen, bestens dokumentiert mit dem heiligen Zeremoniell!

Luzern – Olten einfach

Inzwischen hatte der Oberst der Schweizergarde Pius Segmüller den Vatikan verlassen und war im Majorsrang Kommandant der Luzerner Stadtpolizei geworden. Diese militärische und kirchliche Degradierung musste im neuen Wohnsitz der Familie am Stadtrand von Luzern ausgiebig gefeiert werden. Anschliessend brachte mich der Kommandant persönlich an den Bahnhof und meinte: «Bist Du auch sicher, dass Du nicht einschläfst? Soll ich nicht kurz vor Olten Dein Handy klingeln lassen?»
Natürlich verwahrte ich mich gegen so viel überregionale polizeiliche Besorgnis und liess mich bestens gestimmt gegen Norden schaukeln. In der Gegend von Sursee muss ich definitiv eingeschlafen sein. Dank einem aufdringlichen Bahnhoflautsprecher erwachte ich ... in Liesthal. Jäh geweckt rannte ich am erstaunten Kondukteur vorbei im letzten Moment aus dem Zug und stellte bei der Abfahrtstafel erleichtert fest, dass schon bald der letzte Nachtzug wieder gegen Süden fahren würde.
Ich hatte schön Zeit, um am kompliziert gewordenen Automaten ein neues Billett zu besorgen. Im letzten Zug erkannte mich der gleiche Kondukteur sofort wieder und beruhigte mich freundlich: «Diesmal brauchen Sie keine Angst zu haben: Olten ist Endstation!»

Der doppelte Gardeoberst

Nachfolger von Pius Segmüller als Kommandant der Päpstlichen Schweizergarde wurde sein bisheriger Stellvertreter Oberstleutnant Elmar Theodor Mäder v/o Calvin. Der neue Gardeoberst meldete sich für die nächste Oltner Informationstagung mit seiner lieben Gemahlin Theresia am Donnerstagabend zur Übernachtung im Pfarrhaus an. Deo gratias beherbergte ich gerade einen jungen Chirurgen. Dieser

flotte Praktikant im Oltner Kantonsspital wusste nicht nur mit dem Skalpell bestens umzugehen, sondern auch mit diversen Küchenmessern. Zu zweit kauften wir reichlich ein und bereiteten alles vor.
Mit welchen weiteren Gästen würde man dem hohen Besuch eine Freude machen können? Natürlich mit dem Studien- und Fakultätskollegen, dem Stadtrats-Vizepräsidenten v/o Biwak und dessen Gattin, einer renommierten Kirchenrätin aus dem Freiburger Sensebezirk! Nach der Landung in Kloten und der Fahrt nach Olten könnte das Nachtessen etwa um 19 h 30 beginnen!
Mitten in die Vorbereitung hinein kam um 17 h 00 der Anruf des Obersten vom Römer Flughafen Fiumicino. Der Flug sei annulliert worden, Herr und Frau Mäder würden den Nachtzug nehmen und am Freitagmorgen zum Frühstück eintreffen! Was machen wir jetzt mit all den leckeren Speisen? Kurz entschlossen versuchte ich aus Luzern den vatikanischen Ex- und jetzigen Stadtpolizei-Kommandanten Segmüller mit Gemahlin Therese an die halbleere Tafel zu bitten. Therese erreichte ihren Pius an einer Lagebesprechung und meldete ihre Ankunft in einer Stunde.
Aufgeregt früh waren Stadtrat und Kirchenrätin zu einem Vor-Apéro eingetroffen, da klingelte aus Rom erneut das Telefon: Oberst Mäder hatte im alten Römer Flughafen von Ciampino für sich und seine Gattin doch noch einen Flug nach Zürich buchen können. Ankunft in Kloten 23 h 00, in Olten gegen 24 h 00!
Während das Ehepaar Segmüller auf der Autobahn bereits von Luzern gegen Olten brauste, hielt ich mit dem jungen Arzt in der Pfarrhausküche eine ernsthafte Lagebesprechung ab, und die Gäste waren einverstanden: Es gibt ein doppeltes Oberstenessen!
Wir hatten einen gemütlichen Abend mit den Segmüllers, es wurde auffällig viel gelacht! Gegen 23 h 00 gondelte der Ex-Kommandant mit seiner Gemahlin an seinen Wirkungsort Luzern zurück, und wir stellten zu viert wieder die Aus-

gangslage her. Gegen Mitternacht begann mit einem unverfänglichen Empfangs-Apéro für die hohen Gäste aus dem Vatikan das Nachtessen von vorne und zog sich schön in den Morgen hinein.
Anderntags fand unter dem Kommando des Garde-Obersten die obligate Informationstagung im Josefsaal statt, während gut platzierte Damen der Pfarrei mit der Ersten Dame der Schweizergarde ein spezielles Oltner Damenprogramm in Angriff nahmen.

Der gelbe Regenschirm

Die Oltner St. Martinskirche hat den grossen Widerhall von sage und schreibe sieben Sekunden. Diese enorme Echowirkung macht besonders älteren und hörbehinderten Menschen immer wieder stark zu schaffen.
Doch die «gwehrige» Mirjam ist eine ausgezeichnete Lektorin mit einer sonoren, sehr klaren und allgemein verständlichen Altstimme. Da sie auch eine gute Auffassungsgabe hat, kommt sie immer etwas knapp zum Dienst, so auch am völlig verregneten vergangenen Palmsonntag.
«Kann ich Tasche und Schirm ohne Probleme hier in der Sakristei lassen?» «Selbstverständlich!», beruhigen wir ihre Befürchtungen. «Wer wird in einer Kirche schon etwas entwenden?»
Doch nach dem Gottesdienst ist der knallgelbe Regenschirm spurlos verschwunden, der dritte und letzte in seiner Art! Aufgebracht packt Mirjam ihre Tasche und spurtet im Regen schnurstracks nach Hause.
Verdutzt sieht ihre friedlich frühstückende Familie, wie die tropfnasse Mutter und Gemahlin ihre Windjacke hervorzerrt und wieder davonsaust. Sie scheint genau zu wissen, wo sie ihren Regenschirm suchen muss.
Über die Ringstrasse nähert sich unterdessen die andächtig psalmodierende Palmsonntags-Prozession der Missione Cat-

tolica Italiana von Olten-Schönenwerd, wegen des strömenden Regens etwas eiliger als üblich. Die italienischsprachigen Gläubigen tragen lange Palmzweige, ihr Ehrengast am heutigen Festtag ist der neue Apostolische Nuntius in der Schweiz, Monsignore Francesco Canalini, Titular-Erzbischof von Valeria in Spanien.

Doch der empörten Mirjam sind die südlichen Palmzweige und die ganze Klerisei vollkommen einerlei. Ingrimmig mustert sie die Schirme der Prozessionsteilnehmer und siehe da! Unmittelbar vor dem päpstlichen Gesandten mit seiner bischöflichen Mitra und dem Hirtenstab schwingt ein fescher Jüngling mit der Rechten das Weihrauchfass und in der Linken schützt ein prächtiger runder, kleiner gelber Privathimmel seine pomadisierte Mähne!

«Dieser Schirm gehört mir! Du hast ihn gestohlen, und das an einem Sonntag und in einer Kirche!», macht sich unsere Lektorin Mirjam resolut, in klarstem Deutsch und in gewohnt unmissverständlicher Deutlichkeit bemerkbar. Schwupps ist das gelbe Regendach wieder in den Händen der rechtmässigen Besitzerin, während das bleiche Gesicht

des Weihrauchschwingers die beiden päpstlichen Farben komplettiert. Doch der Apostolische Nuntius unter seiner Bischofsmütze bewahrt würdevolle Andacht und betritt gemessenen Schrittes die schützende St. Martinskirche.

Vernissage mit «Finki»

Es geschah im Jahre des Heils 2005. Während der Sommerzeit verfasste der Pfarrer von St. Martin in Olten eine kleine meditative Broschüre zur monumentalen achtzigjährigen Tiroler Kirchenkrippe. Kunstphotograph Stephan Kölliker hatte dazu bereits prachtvolle Farbphotos der einzelnen Krippenszenen vorbereitet. Bilder und Text kamen früh wie nie in den Kunstverlag Josef Fink ins Allgäu. Ein grosszügiges Sponsoring ermöglichte den Druck einer farbenprächtigen Broschüre und von fünf Krippensujets im Weltpostkartenformat.
Abergläubische Menschen würden als Vernissagedatum wohl kaum einen Dienstag und einen 13. im Dezember um 17 h 00 wählen. Mittags kam ein Anruf aus St. Margrethen. Der Verleger stand mit allen Drucksachen händeringend am verstopften Zoll. Gegen St. Gallen hinauf begann es heftig zu schneien. Ein zweiter Anruf bestätigte dann, dass sich Josef Fink in der Schweiz befand, doch wo genau wollte er nicht sagen, um unsere Nerven zu schonen.
Das sechsstimmige Glockengeläut empfing Gläubige und Gäste in der St. Martinskirche. Weihnächtlich erklang die Orgel, der Pfarreiratspräsident sprach ein festliches Grusswort. Zu malerischen Diapositiven erläuterte der Martinspfarrer die Krippe und die Broschüre. Dann stand das Wort des irgendwo aus der Ostschweiz heranbrausenden Josef Fink auf dem Programm.
Der Pfarrer liess ein Krippenbild des heiligen Josef aufleuchten, damit der Verleger wenigstens in seinem Namenspatron

gegenwärtig sei. «Es ist ohnehin besser», erklärte der Geistliche, «wenn Herr Fink in unserer halligen Kirche gar nicht spricht, denn er redet viel zu hastig und für bedächtige Schweizer Gläubige kaum verständlich.»
Doch wer schreitet da aus der dunklen Kirche geradewegs auf den Priester und den beleuchteten Ambo zu, nimmt stracks das Mikrophon in Beschlag und legt unter allgemeinem Geschmunzel und Geraune mit seinem sattsam bekannten starken Finkenschnabel zackig los? Unser lieber höchstzeitiger Josef!
Beim anschliessenden Vernissage-Essen bewunderten wir die druckfrischen Broschüren, aber auch die Grossherzigkeit des Verlegers. Zu seinem zehnjährigen Firmenjubiläum schenkte «Finki» dem armen Oltner Kapuzinerpfarrer bei der Tischansprache spontan einen Rabatt von 10%. «Ich danke Dir ganz herzlich, lieber Josef», sagte der unverschämte Bettelbruder in seiner Replik, «für Deinen Rabatt von 100%!»
«Du hast mich falsch verstanden», rief der muntere Jubilar herüber, «ich gebe Dir 110%!» So ist er, unser goldiger Josef Fink!

Heiteres aus dem Merlot-Grotto

Meine Eltern Josy und Seppi hatten vor meiner Geburt bestimmt: Wenn ein Mädchen zur Welt kommt, gibt der stolze Vater den Namen, sonst die Bubenmutter. Es kam aber keine Marie-Therese, und mein Vater konnte sich mit dem damaligen Modenamen Hanspeter überhaupt nicht abfinden, sodass die Eltern jede künftige Namengebung umtauschten, und siehe da: Es folgten insgesamt fünf jüngere Brüder!

*

«Weisst Du», erklärte mir kürzlich ein überaus freundlicher und feinfühliger Grossvater namens Seppi, «früher, vor fünfzig und mehr Jahren zeigte man die Buben vor der Taufe dem Pfarrer. War es ein besonders schönes Kind, taufte der Geistliche den Knaben auf den Namen Josef, sonst halt Hans oder Peter und im allerschlimmsten Falle Hanspeter!»

*

Und als ich ein Pärchen auf die Möglichkeit hinwies, dass man ihr Büblein auch Hanspeterli taufen könnte, meinten die beiden Jungverheirateten unverblümt: «Man muss auch an das Kind denken!»

*

Auch Autos bekommen gelegentlich Namen. Eines Tages fuhr ich mit meinem Vater über Land und der VW Golf machte plötzlich ganz schlimme Hopser: «He, Seppi, was ist los?», sagte ich. – «Wie sprichst Du denn mit mir?», fragte mein Vater gereizt. «Ich rede gar nicht mit Dir, ich rede mit dem Auto!» – «Pfui!»

*

Gross war der Schock der Mutter, als ich ihr bei meinem Ordenseintritt zum Spass erklärte, dass ich ab sofort Bruder Pankraz heisse, während mein Vater trocken bemerkte: «Mach uns nur keine Schande!»

*

Um seine Mutter ein bisschen herauszufordern, sagte ein Jugendlicher: «Mama, was sagst du dazu, sollten wir uns nicht einmal eine Weile mit Bibelsprüchen verständigen?»
«Wenn du meinst, einverstanden.», sagte die überraschte Mutter.
Am Morgen kam die Mutter ins Zimmer des Sohnes und rief mit lauter Stimme wie Jesus zum Sohn der Witwe von Nain: «Jüngling, ich sage dir, steh auf!» (Lk 7,14)
Und tief unter der Decke erklang die Antwort Jesu bei der Hochzeit zu Kana: «Mutter, meine Stunde ist noch nicht gekommen!» (Joh 2,4)

*

Meine Mutter hatte nicht selten Anlass zur Steigerung ihres Lieblingsvornamens: Hanspeterli – Hanspeter – Hänsu! Bei der dritten Stufe war Feueralarm!

*

«Mensch, Hamπ! Du solltest weniger trinken! Das Saufen verkürzt Dein Leben um die Hälfte!» – «Mag sein! Dafür sehe ich alles doppelt!»

*

Am Tag vor seinem 52. Geburtstag vom 1. August besucht ein ausländischer Martinspfarrer das «Musée Saint Martin» in Tours. Die strahlende junge Kassendame fragt ihn reichlich direkt, ob er etwa schon 62 sei, so könne er nämlich von einem reduzierten Eintrittspreis profitieren. Der anfangs Fünfziger war für einmal ziemlich sprachlos und definitiv am Ende seines Französisch. Und für einmal bezahlte er ganz gerne den vollen Preis, schluckte leer und tröstete sich mit dem schönen Wort: «Es zählen nicht die Jahre im Leben, es zählt das Leben in den Jahren!»

*

Einmal bemerkte meine Mutter, dass sie mich auf Photos fast immer mit einem Weinglas sehe. Also liess ich gelegentlich ein Bild mit einem grossen Wasserglas machen und schenkte es ihr in einem schönen Rahmen! «Das wirkt gestellt!» meinte sie. «Aber ich kann nichts machen, ich habe dich ja das Trinken gelehrt!»

*

Und welches Dilemma hatte eine hoch qualifizierte Stanser Porträtphotographin beim Aufnahmetermin vor dem Kollegium St. Fidelis? «Wenn Du Deinen Kopf nach oben zum Himmel empor reckst, hast Du keine Haare mehr, und wenn Du auf die Erde blickst, habe ich ein Doppelkinn im Apparat!»

*

Mein schlimmstes SMS: Dein Wochenhoroskop lautet: Geld: Die Sterne lächeln! Beruf: Die Sterne lächeln! Gesundheit: Die Sterne lächeln! Sex: Die Sterne lachen sich kaputt!

*

Auf einer Assisireise schritt ich einmal in der braunen Kapuzinerkutte vom Hauptplatz gegen die Basilika von San Francesco hinunter. Drei junge Basler Beppis kamen mir entgegen und berieten laut miteinander: «Wie grüsst man einen Franziskaner auf Italienisch?» Auf gleicher Höhe rief das Trio munter im Chor: «Buon giorno, Padre!» Ich: «Sali zäme!» Sie: «Scheisse!»

*

Zwei Ordensleute erheben die Hände zum Gebet. Der Benediktiner fleht innig: «O Gott, gib mir einen tiefen Glauben!» Der Kapuziner ruft: «O Gott, schenk mir eine Flasche Wein!» Der fromme Benediktiner ist empört: «Du ruchloser Frevler, bitte Gott um Gnadengaben, nicht um Alkohol!» Der erdgebundene Kapuziner lässt sich nicht aus der Ruhe bringen: «Lieber Mitbruder, was regst du dich auf? Du hast keinen Glauben und erbittest ihn von Gott, ich habe Glauben, aber keinen Wein und möchte eine grosse Karaffe haben!»

*

Vor dem Gottesdienst schärft der Kapuzinerpfarrer seinen Minis ein, während der Messe ruhig zu sein und bei der Predigt nicht zu schwatzen: «Wieso ist das besonders während der Predigt wichtig?», fragt der Pater nochmals nach. Meint der Jüngste: «Weil dann alle Leute schlafen!»

*

Ein Pfarrer ist bekannt für seine packenden Kurzpredigten. Eines Sonntags aber will er nicht mehr aufhören und schwadroniert auf der Kanzel über eine halbe Stunde lang daher. Nach der Messe sprechen ihn besorgte Gläubige darauf an. Er beruhigt sie: «Ich habe es selber gemerkt, ich habe mein Gebiss mit dem der Köchin verwechselt!»

*

Ein Landpfarrer will auf dem Markt sein Pferd verkaufen. Ein Interessent fragt ihn, ob er einen Testritt machen könne. Der Pfarrer klärt den Mann darüber auf, dass das ein ganz spezielles Pferd sei. Um es zum Laufen zu bringen, müsse er «Gott sei Preis und Ehre!» sagen, zum Galoppieren «Gott sei Dank!» und zum Stoppen «Gelobt sei Jesus Christus!»
Der Mann schwingt sich auf den Sattel und sagt: «Gott sei Preis und Ehre!» Das Pferd beginnt zu traben, dann ruft er: «Gott sei Dank» und das Pferd galoppiert immer schneller und schneller. Da merkt der Mann, dass sie sich einem gewaltigen Abgrund nähern.
Der Mann weiss nicht mehr, wie er das Pferd zum Stehen bringen kann und versucht alle frommen Befehlsworte, die ihm in den Sinn kommen. Direkt vor der Absturzkante erinnert er sich an «Gelobt sei Jesus Christus!» und kann das Pferd im letzten Moment zum Anhalten bringen. Dann atmet er erleichtert auf und stöhnt aus tiefster Überzeugung: «Gott sei Dank!»

*

Ein alter Pfarrer sagt zu seinem Mitbruder: «Je älter ich werde, desto mehr erkenne ich, dass die Menschen sehr wohl zwischen Gut und Böse zu unterscheiden wissen.» Meint der andere: «Ja, aber nur bei den anderen!»

*

Neujahrsgebet eines Pfarrers aus dem Jahr 1864:
Lieber Herr und Gott! Setze dem Überfluss Grenzen und lass die Grenzen überflüssig werden!
Nimm den Ehefrauen das letzte Wort und erinnere die Ehemänner an ihr erstes!
Gib den Regierenden ein besseres Hochdeutsch und den Deutschschweizern, Welschen und Tessinern eine bessere Regierung!
Schenke uns und unseren Freunden mehr Wahrheit und der

Wahrheit mehr Freunde! Bessere jene Beamten, die wohl tätig sind, aber nicht wohltätig und lass die Rechtschaffenen auch recht schaffen!
Sorge dafür, dass wir alle in den Himmel kommen, aber, wenn Du es willst, noch nicht gleich! Amen.

*

Warum sind die katholischen Priester so dick und die reformierten Pastoren so schlank? – Wenn der reformierte Pfarrer abends nach Hause kommt, schaut er in den Kühlschrank, findet nichts darin und geht ins Bett! – Wenn der katholische Pfarrer nach Hause kommt, schaut er ins Bett, findet nichts darin und geht in die Küche zum Kühlschrank!

*

Ein Millionär liegt im Sterben und lässt den Pfarrer rufen: «Herr Pfarrer, wenn ich mein Vermögen der Kirche vermache, komme ich dann mit Sicherheit in den Himmel?» «Versprechen kann ich nichts», meint der Pfarrer, «aber versuchen sollten Sie es auf jeden Fall!»

*

Ein Lehrer betritt das Klassenzimmer und sieht an der Tafel die grosse Kreideinschrift: «Der Lehrer ist ein Esel!» Zornig befragt er alle Schüler und kommt schliesslich auch zu Hansli. Aber der beteuert: «Herr Lehrer, ich war es bestimmt nicht, ich habe es nicht einmal gewusst!»

*

Eine Blondine hatte die ständigen Foppereien satt und liess sich die Haare rot färben. Als sie gesundheitliche Probleme bekam, fragte sie der Arzt, wo dies der Fall sei. Mit dem Zeigefinger berührte sie die schmerzhaften Stellen am Kopf, bei der rechten Schulter, beim linken Knie und am rechten Knöchel. «Sind Sie etwa eine ursprüngliche Blondine?», fragte der Arzt. «Dann haben Sie den Finger gebrochen!»

*

Grüsse jeden Trottel! Morgen könnte er Dein Chef sein!

*

Bundesrat Arnold Koller besuchte im Appenzellerland die Bauernhöfe seiner Landsleute. Da es gegen Mittag ging, lud man den Noldi immer wieder zum Mittagessen ein. Aber der hohe Magistrat wollte weiter. Schliesslich liess er sich doch noch überreden. Beim Essen sass der Appenzeller Sennenhund vis-à-vis und schaute den Bundesrat inständig an. «Kennt der mich?», wollte Koller wissen. - «Nein, Herr Bundesrat, aber den Teller!»

*

Mariechen hat eine Haushaltstelle im Schwabenland. Die Meisterin merkt, dass ihre Angestellte völlig zerstreut und abwesend ist, und sie fragt ganz direkt: «Na, Marie, Sie sind doch verliebt! Was hat Ihr Herzallerliebster denn für einen Beruf?» - «Er ist Mesmer.» - «Wie bitte?» - «Er ist Sakristan!» - «Ah, Küster!» Mariechen versteht «Küsst er?» - «Oh, und wie!»

*

Heiraten oder nicht? Ein junger Mann fragte einst den Sokrates, ob er heiraten oder ledig bleiben solle. Der Philosoph klopfte ihm auf die Schulter und sagte: «Egal, was du tust – bereuen wirst du's in jedem Falle.» *(Valerius Maximus, Facta et dicta memorabilia 7,2, ext. 1)*

*

Ein Esel begegnet einem Kollegen und fragt ihn nach seinem Befinden. «Es geht so, aber ich möchte halt lieber ein Mensch sein als ein vierbeiniges Grautier!» - «Wieso denn!» - «Ja, dann könnte ich halt heiraten!» - «Aber dann bist du ja wieder ein Esel!»

*

Alois: «Es ist doch immer wieder erstaunlich, dass die hübschesten Mädchen die grössten Idioten heiraten!» Miranda: «Liebling, das ist das schönste Kompliment seit Jahren!»

*

Das Töchterchen fragt seine Eltern. «Mama, sag mal, warum hast Du eigentlich den Papa geheiratet?» Darauf die Mama zum Papa: «Siehst Du Kunibert, nicht einmal das Kind versteht das!»

*

Es gibt Männer, die reden so lange, bis sie etwas zu sagen haben!

*

Sagt eine Frau zu Dir: «Mein Schatz!», so übersetze immer: «Mein Schatzmeister!»

*

Ein Mann hatte eine sehr spezielle Ehefrau mit ständigen exklusiven Geschenkwünschen. Eines Tages wollte sie unbedingt ein Reitpferd haben. Als sich die Frau erstmals dem edlen Tier näherte, wurde dieses wild, schlug aus und erschlug sie auf der Stelle.
Beim Kondolieren fiel dem Pfarrer auf, dass der Witwer bei

den weiblichen Trauergästen stets sein Haupt von links nach rechts drehte, um entschieden Nein zu sagen, bei den Männern aber nickte er immer ganz eindeutig mit dem Kopf.
Nach der Beerdigung fragte ihn der Geistliche, was diese Kopfzeichen zu bedeuten hatten. «Lieber Herr Pfarrer», sagte der Hinterbliebene, «die Frauen wollten wissen, ob meine Gattin noch habe leiden müssen, was ich klar verneinen konnte, und die Männer fragten ganz leise, ob sie dieses Ross einmal ausleihen dürften.»

*

Ein Mann liegt blutüberströmt im Strassengraben. Kommt sein Freund daher und ruft entsetzt: «Kari, um Himmelswillen, was ist denn mit Dir passiert? Soll, ich Dich heimbringen?» – «Nein, lieber nicht, von dort komme ich gerade!»

*

Ein Mann wird ins Spital eingeliefert. Die Krankenschwester fragt ihn: «Sind Sie verheiratet?» – «Ja, aber die Verletzungen stammen von einem Autounfall!»

*

Ein Mann sagte zu seiner Frau, dass er in den Krieg ziehen müsse. Da gab sie zur Antwort: «Geh dann schön weit nach vorne, damit Du auch etwas siehst!»

*

Eine hässige alte Patientin hat die Krankenschwester im Spital den ganzen Tag über derart drangsaliert, dass diese schliesslich ziemlich unwirsch und gereizt reagiert.
Gegen Dienstschluss tut es der Krankenschwester leid und sie will der alten Frau noch herzhaft eine gute Nacht wünschen. Leise öffnet sie die Zimmertüre und fährt der Dame im Halbdunkel fein über die Haare. Da tönt es plötzlich scheppernd vom andern Bett her: «Ich bin hier, das dort ist meine Perücke!»

*

Hansli rätscht: «Grossvati, weisst Du eigentlich auch, dass unser Grosi fremd geht!» – «Ja, Hansli» beruhigt der Grossvater seinen Enkel, «sie hat es mir selber gestanden, sie geht jetzt mit dem Ischias!»

*

Ein goldenes Hochzeitspaar näherte sich auf seinem Spaziergang der einsamen Hecke, wo sie einander vor fünfzig Jahren den ersten zaghaften Kuss gegeben hatten. Prompt bat Kobi seine Marie um eine feierliche Wiederholung und drückte die abwehrende Ex-Braut erwartungsfroh in die Hecke. Da küsste die Marie ihren Kobi enorm stürmisch mit gegen sieben Atü, sodass dem Kobi fast der Schnauf ausging. Als er wieder zu Atem gekommen war, wies er seine Marie darauf hin, dass der Kuss vor einem halben Jahrhundert noch sehr schüchtern gewesen sei. Meinte die Goldmarie: «Damals war der Zaun auch noch nicht elektrisch geladen!»

*

Ein älteres Ehepaar geht ins Bett. Am Morgen sagte die Grossmutter zum Grossvater: «Denk einmal, ich habe geträumt, ich sei ein ganz junges Mädchen!» Meint der Grossdädi plötzlich ziemlich munter: «Warum hast Du mich nicht sogleich geweckt?»

*

Im Altersheim plagiert ein achtzigjähriges Ehepaar: «Wir haben noch ein Kind bekommen!» Als die Mitbewohner diese späte Geburt bestaunen wollen, werden die beiden ganz verlegen: «Wir wissen nicht mehr, wo wir das Kleine hingelegt haben!»

*

Und damit schliesst sich der Kreis der drei Lebensalter des Menschen: «dada» – «blabla» – «gaga»!

Zähne zeigen

Bekanntlich ist Lachen das zivilisierteste Geräusch der Welt und Lächeln die beste Methode, den Leuten die Zähne zu zeigen!

Zwei antike Zahnprobleme

Der römische Dichter Marcus Valerius Martialis (ca. 40 - 104 n. Chr.) verspottet in seinen Epigrammen menschliche Schwächen und Laster, so auch boshaft in den drei folgenden lateinischen Distichen oder Zweizeilern:

si memini, fuerant tibi quattuor, Aelia, dentes:
expulit una duos tussis et una duos.
iam secura potes totis tussire diebus:
nil istic, quod agat, tertia tussis habet. (Ep. 1,19)

«Wenn ich mich richtig erinnere, Älia,
hattest du noch vier Zähne:
dann schüttelte dir ein Husten zwei heraus
und ein weiterer zwei.
Jetzt kannst du Tag für Tag sorgenfrei husten:
Ein dritter Hustenanfall hat nichts, was er
wegblasen kann.»

***

Thaïs habet nigros, niveos Laecania dentes.
quae ratio est? emptos haec habet, illa suos! (Ep. 5,43)

«Thais hat schwarze Zähne, Läcania schneeweisse.
Warum? Die eine hat gekaufte, die andere noch ihre eigenen!»

Zwei zahnmedizinische Naturwunder

Im Stift Beromünster hängt ein Barockgemälde, das den ehemaligen Dekan von Kilchberg Johann von Baldegg darstellt, der im Jahre 1348 gestorben ist. Zwei stilistisch aufgeladene lateinische Hexameter schildern, dass dieser zahnlose grauhaarige Chorherr vor seinem Tod wieder Zähne und schwarze Haare bekommen hat:

DE KILCHBERG CANUS DEDENTATUSQUE DECANUS
RURSUM DENTESCIT NIGRESCIT ET HIC REQUIESCIT.

Hexametrisch übersetzt:
«Der Dekan zu Kilchberg, vormals grau schon und zahnlos,
zahnt wieder und das Haar verschwärzt sich. So ruht er hier nun.»

***

Der zwölfjährige Damian war mit seinem Velo auf dem Weg in die Schule, übersah dabei einen Nachbarn und stürzte derart unglücklich, dass ihm Lenkstange und Bremse das Gesicht schlimm verletzten.
Blutüberströmt brachte man ihn zum Hausarzt, der sofort nähte und das Gesicht reinigte. Dabei stellte der Arzt fest, dass ein Eckzahn fehlte. Am Abend fand die Schwester des Jungen diesen Zahn zufällig im Strassendreck.
Erst zwei Tage später war der Junge bei seinem Zahnarzt: «Ich weiss nicht, ob dieser Zahn je wieder anwächst», meinte dieser, «die Chance ist eher gering, aber versuchen können wir's ja!» Und siehe da:

MEDICUS CURAT, NATURA SANAT.
«Der Arzt kuriert, die Natur heilt.»

MEDICUS MINISTER NATURAE.
«Der Arzt ist Diener der Natur.»

Novodyn

Während meines Auslandstudiums in der schwäbischen Universitätsstadt Tübingen machte mir mit schon fast peinlicher Verspätung endlich ein Weisheitszahn zu schaffen. Nach schlafloser Nacht und ruhelosem Umherirren in der menschenleeren Stadt, meldete ich mich mit dick geschwollener Wange bei Zahnarzt Griesknödel.
Zahnarzt Dr. Wunibald Griesknödel behandelte nach einer neuen, der so genannten Novodyn-Methode, von der ich seither nie mehr etwas gehört habe. Sie bestand darin, dass leicht elektrisch geladene Metallplatten an die geschwollenen Stellen gehalten wurden, wodurch die strapazierten Fleischteile wieder ihr übliches Aussehen annehmen sollten. So sass ich mit einem guten Dutzend weiterer Patientinnen und Patienten in einem Zimmer und hielt mir ein kleines Metallstück auf die heisse Wange, und rundherum machten es die andern an allen möglichen Körperteilen ebenso. Ich konnte mir während des halbstündigen Prozedere lebhaft vorstellen, wo meine Platte gestern überall gewesen sein könnte!
Da meine Zunge von der Schwellung nicht direkt betroffen war, begann ich mit einer Leidensgenossin auf dem Nachbarstuhl, einer alten Bauernfrau, ein Gespräch über Gott und die Welt, wie man so schön sagt, und wie das einem Theologiestudenten wohl anstand.
Nach längerem Plaudern fixierte mich die Bäuerin plötzlich genauer von der Seite und fragte dann in ihrem breiten schwäbischen Dialekt: «Noi, noi, Sie reden's so komisch, sein's a Türk?»
Aber der Deutschschweizer hatte bloss seine seit Jahren mühevoll geübte erste Fremdsprache gesprochen: Hoch-

deutsch! Und zu dieser Schande kam noch der Behandlungsmisserfolg: Der Weisheitszahn ist trotz «Novodynen» nie erschienen!

«Zahn um Zahn»: Der Zahnarzt und der Pfarrer

Wieder einmal war ich bei meinem Zahnarzt und Jahrgänger Hugo in Behandlung, diesmal nach einer weiteren neuartigen Methode: Dem Theologen und Lehrer der alten Sprachen wurde das allzeit redefreudige Mundwerk mit einem Plastiktuch definitiv zugeschlossen und los ging's!
Bitter beklagte sich der sonst so fröhliche und freundliche Hugo bei seinem Hantieren über die unzähligen, sinnlosen Stunden, die er einst am Gymnasium mit Altgriechisch- und Lateinbüffeln hatte verbringen müssen, statt sorgfältig und gründlich die moderne Wissenschaftssprache Englisch lernen zu können.
Verzweifelt versuchte sich der Altphilologe zu verteidigen, aber unter der angespannten grünen Gummihaut war nur ein undeutliches, unartikuliertes Grummeln und Blubbern zu vernehmen, während Hugo unverdrossen weiter in die gleiche Kerbe haute!
Was schrieb der heilige Paulus in seinem Römerbrief? «Rächt euch nicht selber, liebe Brüder, sondern gebt dem Zorn Raum! Es steht ja geschrieben: Mein ist die Rache, ich werde vergelten, spricht der Herr.» (12,19 nach Dtn 32,35)
Aber so heilig und paulinisch abgeklärt war der Altsprachler und Pfarrer noch lange nicht. Bei der baldigen Taufe des kleinen Zahnarztsohnes nutzte er die Situation ebenso weidlich aus und predigte seinem Jahrgänger vom Altar her wacker und unwidersprochen ins Gewissen. Und der knirschte dazu auf der vordersten Kirchenbank in stummer Frömmigkeit mit seinen wohl gepflegten Zähnen!

Das Osterlachen in der Oltner St. Martinskirche

Nach der Verkündigung des Evangeliums in der Liturgie der Osternacht rufen unsere Minis zum festlichen Oster-Alleluja in sechs Sprachen feierlich die Osterbotschaft aus, auf Griechisch, Lateinisch, Deutsch, Französisch, Italienisch und Englisch. Dabei kann es durchaus passieren, dass aus einem deutschen «Christus ist wahrhaft auferstanden!» ein «Christus ist wahrhaft aufgestanden!» wird, und aus einem italienischen «Cristo è risorto!» ein «Cristo è Risotto!»
Dann folgen der Osterwitz und der österliche Friedensgruss, das erste Glockengeläut nach dem Verstummen der sechs Glocken am Abend des Hohen Donnerstag, klingende Blasmusik und ein gewaltiges Brausen auf der Grossen Orgel.

***

Nach der alten Tradition des «Risus paschalis», des so genannten Osterlachens, darf der Pfarrer seit dem späten Mittelalter in der Osternacht die Gläubigen mit einem Witz oder einer amüsanten Anekdote, mit lustigen Geschichten und sogar mit deftigen Histörchen zum Schmunzeln und zum Lachen bringen. Im befreienden Lachen überwinden wir Menschen die Angst vor dem Leiden und Sterben, ja sogar die schreckliche Todesangst.

Anstelle einer stinklangweiligen Predigt kommt jetzt ein böser Petruswitz: Ein verheirateter Bibelforscher hat kürzlich herausgefunden, wieso der Apostel Simon Petrus seinen Herrn und Meister Jesus Christus vor dessen Leiden und Sterben so jämmerlich verleugnet und verraten hat: Der Heiland hatte nämlich seine Schwiegermutter geheilt!

Zur Beruhigung aller Schwiegermütter und Schwiegertöchter und überhaupt aller Frauen erzähle ich jetzt noch etwas Schönes von der Stamm-Mutter des gesamten Menschengeschlechts:
Die Urmutter Eva ist im Paradies am Spazieren und begegnet Gott. Trotz der vielen Pflanzen und Tiere klagt sie über schreckliche Langweile und möchte einen menschlichen Gespanen haben.
«Ich kann dir ohne weiteres einen Mann verschaffen,», sagt Gott zu ihr, «aber er wird viel stärker und kräftiger sein als du, und unerträglich eingebildet und arrogant.
Zudem wird sich dieser Herr Adam einbilden, dass er vor dir erschaffen wurde. Aber, unter uns Frauen gesagt: Dich habe ich wirklich zuerst gemacht!»

Für unsere Jüngsten erzähle ich jetzt noch einen kurzen Häschenwitz: Häschen sitzt im Bus hinter einer Frau mit einem Fuchsfell und spricht sie an: «Biddu Gans, die der Fuchs gestohlen hat?»

***

In der Stadt Olten unterhielten sich drei Pfarreiverantwortliche über die Verteilung der Opfergaben.
Der reformierte Pfarrer sagte. «Ich halte es so. Nach dem Gottesdienst werfe ich alle Kollekteneinnahmen in die Höhe. Was in der Kirche auf der rechten Seite herunterfällt, das gehört dem Herrgott, was links herunterkommt, das gehört mir.»
Die christkatholische Pfarrerin meinte: «Ich mache es ganz ähnlich. Auch ich werfe alle Spenden in die Höhe. Was vorne im Chor herunterfällt, gehört Gott, was hinten im Kirchenschiff herunterkommt, das gehört mir.»
«Ich halte es ganz genau gleich», sagte der römisch-katholische Kapuzinerpfarrer von St. Martin: «Ich werfe alle Opfer-

gaben in die Höhe. Was oben bleibt, gehört dem Herrgott, was herunterfällt, gehört mir.»

***

Mein Vater war Maler, mein Grossvater war Maler! Anstelle einer furztrockenen Predigt bringt der Malersbub eine fröhliche Malerrechnung aus Urgrossvaters Zeiten, aufgefunden in Boswil im Freiamt Anno Domini 1873.

Am Ende des 19. Jahrhunderts musste man in einer Pfarrkirche die alten Heiligenbilder auffrischen. Nach Abschluss seiner Arbeiten schrieb der wackere Malermeister der Kirchgemeinde die folgende amüsante Rechnung:

1.	Das Rote Meer vom Fliegendreck gesäubert	97 Rp.
2.	Die Frau des Potiphar lackiert und ihr den Hals vom Schmutz gereinigt	1 Fr. 32 Rp.
3.	Das sechste Gebot verändert sowie alle zehn Gebote frisch gemalt	3 Fr. 45 Rp.
4.	Die klugen Jungfrauen gereinigt sowie da und dort angestrichen	1 Fr. 30 Rp.
5.	Die heilige Maria Magdalena, die völlig verdorben war, ein bisschen aufgemöbelt	3 Fr. 15 Rp.
6.	Den Pontius Pilatus verputzt, neues Pelzwerk auf seinen Kragen gesetzt sowie seine Glatze poliert	2 Fr. 35 Rp.
7.	Den Himmel erweitert und verschiedene neue Sterne eingesetzt, das Höllenfeuer vergrössert und dem Teufel ein vernünftiges Gesicht aufgesetzt	3 Fr. 80 Rp.
8.	Den Weg zum Himmel deutlicher markiert	4 Fr. 85 Rp.
9.	Das Ende der Welt weiter zurückgesetzt, da es viel zu nahe war	97 Rp.
	Macht Gesamt-Total	21 Franken und 74 Rappen

***

Wegen der diesjährigen sehr frühen Fasnacht und der schneeweissen Ostern stammt dieser Osterwitz noch aus der Weihnachtszeit:
«Die Grossmutter geht mit Hansli in die Martinskirche und erklärt dem Kleinen die monumentale Tiroler Weihnachtskrippe: «Hansli, siehst du dort den kleinen Jesusknaben und seine Eltern Maria und Josef? Dahinter sind Ochs und Esel, davor die Hirten mit ihren Schäfchen, und oben leuchtet der Weihnachtsstern und es jubilieren die Engel.»

Der Kleine kann sich nicht genug sattsehen an all diesen prächtigen Krippenfiguren. Und als die Grossmutter ihn endlich wieder wegziehen kann, dreht sich der kleine Hansli nochmals um und winkt allen zum Abschied:
«Ciao liebes Christkindli, Adieu Maria und Josef, auf Wiedersehen Öchslein und Eselchen, Tschüss ihr Schäfchen und Hirten, Byebye Weihnachtsstern und liebe Engelchen!»
Dann gehen Grossmutter und Enkelkind durch das grosse Kirchenschiff zum Hauptausgang und kommen an einem Beichthäuschen vorbei. Pfarrer Hanspeter öffnet gerade den Vorhang und schaut neugierig hinaus.
Da ruft ihm der kleine Hansli zu: «Auch dir Ciao-Ciao, lieber Kasperli!»

***

Als ich das erste Mal für die Aufnahme einer Radiopredigt ins Studio Bern fahren musste, sagte der Sprechtechniker zu mir: «Lieber Pfarrer, Sie haben eine ganz verquetschte Stimme, was haben Sie vorher getrunken?» «Einen Espresso!», sagte ich, und er dazu: «Das ist das Dümmste, was man machen kann, trinken Sie vorher Weisswein!»
Bei der zweiten Aufnahme machte ich unglaublich viele Versprecher. Da fragte der Sprechtechniker wieder: «Was haben Sie denn diesmal vorher getrunken?» Ich sagte: «Einen Dreier Weisswein!» Der Tonspezialist meinte: «Ein Einerli hätte es auch getan!»

***

Wer am Palmsonntag am längsten schläft, ist nach einem alten Brauch der Palmesel oder die Palmeselin. Diesen Eselchen bringt man Heu ans Bett, und sie müssen sich den ganzen Tag von der Familie «föppeln» lassen, weil sie den festlichen Einzug Jesu in Jerusalem verpasst haben.
Wer am Hohen Donnerstag in der Karwoche am längsten

im Bett bleibt, wird tagsüber zum Hohen-Donnerstags-Huhn, das an den dreimaligen Hahnenschrei beim Verrat des Simon Petrus erinnert.
Am Karfreitag ist es umgekehrt: Wer in der Familie am Morgen zuerst redet, der oder die ist die Karfreitags-Rätsche. Das Rasseln der «Rärre» bedeutet das schreckliche Geschrei bei der Verurteilung und bei der Kreuzigung Jesu.
Wer umgekehrt am Karsamstag wieder am längsten im Bett bleibt, ist der Karsamstags-«Choli». Das schwarze Zugross muss bei der Beerdigung mitwirken. Und wer dann am Ostersonntag am längsten ausschläft, ist das Oster-Kalb, nach der entbehrungsreichen Fastenzeit der Festtagsbraten beim Ostermahl.
Und so ist das dann auch am Weissen Sonntag: Wer da am längsten schläft, ist während des ganzen Tages die weisse Geiss, die das «Gitzi» zum nachösterlichen Festessen geworfen hat!
Diese alten Bräuche haben offensichtlich viel mit Wachen und Schlafen, mit Schweigen und Reden zu tun!

***

Allen Wachsamen und allen Murmeltieren, den Schweigsamen und den Redseligen, den Kleinen und Grossen, den Frauen und Männern, dem Frechdachs und dem scheuen Rehlein, allen Gartenhag- und Landstreichern, den Trinkern von Wasser, Coca-Cola, Kaffee, Rot- und Weisswein, den zweibeinigen Palmeseln, Hohen-Donnerstags-Hühnern, Karfreitags-Rätschen, den Karsamstags-«Cholis» und Oster-Kälbern, allen mehr und weniger Gläubigen wünschen wir von Herzen: «Der frohe österliche Friede unseres auferstandenen Herrn Jesus Christus sei allezeit mit euch! Alleluja!»

Kapuziner-Schnecken

Zusammen mit den Wohltätern werden in den Schweizer Kapuzinerklöstern die Kantonsregierungen während der Fasnachtszeit als Vertreter der eigentlichen Kloster-Eigentümer im Namen des Volkes jedes Jahr zu einem so genannten Schneckenessen eingeladen.
An der Fasnacht 1978 durfte ich als Novize im Kapuzinerkloster Fribourg erstmals bei einem solchen «Herrenessen» Schnecken servieren. Frère Élie, unser lieber Küchenchef, hatte die weichen Tierchen nach einem sorgfältig überlieferten Geheimrezept des Ordens in einem Buttersösschen vorbereitet, dem er allerdings ein bisschen zu viel Hitze zuführte. Jedenfalls, als ich dem Freiburger Staatskanzler die brodelnden Weinbergschnecken auftragen wollte, explodierte plötzlich ein Schneckenhäuschen. Ich konnte den Kopf gerade noch rechtzeitig drehen, und so flog die siedend heisse Schnecke exakt in meine rechte Ohrmuschel, wo sie höllisch brannte. Begleitet von einem schadenfrohen Gelächter rannte das arme Novizchen schleunigst in die Klosterküche und hielt das flammende Ohr unter einen kühlen Wasserstrahl. Ich litt fast wie einstmals Malchus, der Knecht des Hohen Priesters, dem der stürmische Petrus bei der Verhaftung Jesu im Garten von Getsemani das rechte Ohr abhieb. (Joh 18,10)

Dieser Schrecken hat mich veranlasst, über die Schnecke als fasnächtliche Gaumenfreude und als Wappentier der Fastenzeit etwas nachzusinnen. Keine Angst, nicht allzu tief und nicht allzu lange!
Im Garten des Kapuzinerklosters Delsberg sind die alten Zuchtvorrichtungen noch immer zu sehen. Heutzutage kaufen wir Schneckenleichen in teuren, meist französischen Delikatessen-Dosen ein. Früher waren die Schnecken «das Fleisch der Armen». Als es noch nicht verboten war, konn-

ten alle Leute Schnecken sammeln und davon ein feines Essen zubereiten.
Die kleine Schnecke mahnt zu einer Phase des Verzichtes und zu einem einfachen, natürlichen Leben. Der körperlichen und seelischen Balance schadet zu viel drinnen und zu viel draussen. Der «Hans im Schnäggeloch» ist auch zur sozialen Verantwortung und Solidarität aufgerufen!

Prediger
Liebe Christin, lieber Christ,
du spürst, dass wieder Fasnacht ist.
Die Weihnachtsengel sind verflogen,
der Teufel stupst selbst Theologen,
lässt den Pfarrer Verschen schmieden,
das Alleluja wird gemieden,
statt erbaulich fromme Predigt,
sanft und pflichtgemäss erledigt,
statt der biblischen Geschicht'
stottert jetzt ein Reimgedicht!
Kostümbälle, Maskentreiben,
Rollentausch, Desumen-Cheiben,
Larven-Tiere rüsseln, schäckern,
bellen, gackern, muhen, meckern,
ein ganzer Zoo ist losgelassen,
rennt und schreit durch alle Gassen,
Noahs Arche grunzt und kräht,
surrt herum von früh bis spät.
Unter all den bunten Viechern
folgen Schnecken ihren Riechern.
Auch die Schnecken schleimen mit,
machen sich zum Fasnachtshit!
Doch viel lieber haben uns're Kinder
Hefeschnecken vom Beck «Hinder»,
spiralenförmiges Gebäck
mit dem feinen Nussgeschleck.
Alte schätzen Schneckenleichen,

weiche Speisen für die Reichen,
nicht die Rösserschnecken, rostigrot:
Weinbergschnecken sind im Angebot!

Kapuziner
Lieber Mitmensch, du musst wissen,
falls du wirst den Sinn vermissen,
nicht in teuren Delikatessendosen
für die ober'n Röck' und Hosen
wurde einst der Schneck' gesucht
und zum Essen umgebucht.
Die Schnecke war das Fleisch der Armen,
hatte mit den Bettlern sein Erbarmen!
Alle konnten Schnecken kochen,
bis die Töpfe besser rochen!
Speziell die Kapuzinerklöster
hatten gute Schneckenröster:
Uns're Köche kennen alle
Buttersösschen in dem Falle,
als Regierung kommt zu Gast
und fern von aller Alltagshast
mit den Brüdern Fasnacht macht,
isst und trinkt und jasst und lacht.
Kloster-Eigentümer sind die Leute,
Volksvertreter geniessen's heute!

Prediger
Einstmals war im Kloster an der Saane
Freiburgs Schneckenessen auf dem Plane.
Blutigjung noch war ich da Novize,
die Schnecken hatten ihre Hitze.
Doch, o wehe, als ich sie servierte,
eine Schnecke explodierte.
Statt dem Kanzler in den Mund
flog der Schneck in dieser Stund',
schnurgerade in mein Ohr

das er jetzt als Schale auserkor,
wo er heiss und höllisch brannte,
dass ich schnell zum Brunnen rannte.
Zischen, Lachen, Schadenfreude
hallten wider im Gebäude.
Doch mein Ohr, jetzt flammend rot,
nachzudenken mir gebot:
Gaumenlust der Fasnachtszeit!
Wappentier der Fastenzeit!

Was die Reichen gierig lecken:
Fleisch der Armen sind die Schnecken!
Schnecken können uns ermahnen,
unsern Rhythmus gut zu planen,
guter Wechsel, innen, aussen,
bei mir selbst und wieder draussen,
gern geborgen in dem Häuschen,
geschützt, versteckt, ganz wie ein Mäuschen,
dann die Fühleraugen aus,
Vorsicht nah' beim eig'nen Haus,
langsam kriechen, zärtlich suchen,
mit Feingefühl die Richtung buchen,
einfach, überlegter Lebensstil,
auch Verzichten bringt jetzt viel,
karg, mit wenigem zufrieden,
Unrast, Hektik wird gemieden,

stets und überall daheim,
kriecht nicht jedem auf den Leim,
Zeit zu haben, Mitte finden,
Rückzug, Selbstschutz, Weg nach innen,
Weg hinaus, ins Freie kommen,
für Neues offen, unverklommen!
Schlechter Rhythmus beim Mimöschen,
macht sofort in seine Höschen,
ängstlich, schwierig, gar nicht locker,
leutescheuer Stubenhocker,
Leberwürstchen, schnell beleidigt,
abgeschirmt, total verteidigt,
verkümmert und verhungert bald,
auf der Wiese und im Wald,
kulinarisch, zwischenmenschlich,
eingeigelt, ohne Koch,
unser Hans im Schnäggeloch.
Die andern sind ihm ganz zuwider,
schliesst Fensterläden, Augenlider,
macht sich zwischenmenschlich zu,
hasst den Rummel, will sei Ruh',
macht die anderen zur Schnecke:
Dass doch auch der Feind verrecke!
Nabelkreisen, Selbstmitleid,
Tramp an Ort, das führt nicht weit,
einsam und allein im Schneckenhaus,
magersüchtig, es ist aus!

Kapuziner

Unser lieber San Francesco,
predigte auf einem Fresco,
den bunten Vögeln allen,
ganz nach Gottes Wohlgefallen.
Er liebte auch die andern Viecher,
Fische, Vögel, Renner, Kriecher,
Hühner, Esel, Ochsen, Affen,

Stumme, Quatscher, lauter Laffen,
Wespen, Läuse, Gänse, Schweine,
tausend, vier, zwei, keine Beine.
San Francesco liebte auch die Schnecken,
liess sie ihre Fühler recken,
zu einer kleinen Schneckenpredigt,
die er beim Gebet erledigt,
als die Scharen zu ihm zogen,
das Wort von seinen Lippen sogen:

Heiliger Franziskus
«Schnecken, liebe Brüder, Schwestern,
ihr lebt im Morgen, Heute, Gestern,
überall könnt ihr zuhause sein,
draussen und bei euch daheim,
auf dem Land und in der Stadt
immer findet euer Rückzug statt,
Waldesstille, Marktplatzlärm,
ihr seid dem nah, und doch so fern!
Achtet nicht auf Menschen-Spott,
geschaffen hat euch unser lieber Gott.
Bleibet, was ihr seid, 's ist richtig,
nehmt euch selber ernst und wichtig,
bedächtig, langsam, ohne Hasten,
and're eilen, ihr sollt rasten!
Doch braucht die Fühler ausser Haus,
seid auch in der Welt und schaut hinaus,
hört die Schreie, seht die Not,
helft, wie Gott es uns gebot!
Zuhause seid ihr stets und überall,
um in jedem Leidensfall
als Geschwister da zu sein,
wenn Geschöpfe leiden ihre Pein!
Liebe Schnecken, lasst uns loben
Gott den Herrn, der euch erhoben!»

Prediger

Also sprach der Heilige der Natur
In seiner kleinen Schneckenkur.
Schneckentempo, Schneckenpost,
Schneckenhaus mit Schleim und Rost,
Gaumenlust der Fasnachtszeit!
Wappentier der Fastenzeit!
Kleiner Schneck, in Deinem Namen
setz' ich jetzt den Punkt und rufe: Amen!

Die Aktion «Solidarität Libanon-Schweiz»

Weshalb schreibt ein Kapuziner schon zum fünften Mal ein heiteres Büchlein, wenn doch der heilige Ordensstifter Franziskus von Assisi im zwanzigsten Kapitel seiner «Ermahnungen» diese gestrengen Worte vorschreibt: «Wehe jenem Ordensmann, der an müssigen und leeren Worten sein Vergnügen hat und damit die Menschen zum Lachen reizt. Doch selig jener Ordensmann, der nur an den hochheiligen Worten und Werken des Herrn seine Wonne und Freude hat und dadurch die Menschen mit Fröhlichkeit und Freude zur Liebe Gottes führt.»
Hauptzweck von mittlerweile fünf heiteren kleinen Broschüren mit Gregor Müllers witzigen Zeichnungen und von unterdessen neun gereimten Fasnachtspredigten auf CD waren nicht hohle Spässchen, eitle Tändeleien oder höherer Blödsinn. Die «Musa pedestris», die leichte Muse zu Fuss diente stets der Unterstützung unseres Sozial-Zentrums für behinderte Jugendliche in Taalabaya, in der libanesischen Bekaa-Hochebene.

***

Mitten im tobenden libanesischen Bürgerkrieg habe ich mit meinem Lehrerkollegen Nabih Yammine, einem gebürtigen Libanesen und Französischlehrer am Kollegium St. Fidelis in Stans, anfangs Dezember 1988 die Aktion «Solidarität Libanon-Schweiz» gegründet. Mit Hilfe der religiösen «Schalom»-Gruppen der Nidwaldner Mittelschule und dank einer breiten Unterstützung, die weit über den kleinen Halbkanton hinausging, konnten wir für die einstige «Schweiz des Nahen Ostens» eine beispiellose Hilfstätigkeit entfalten.

Ein Komitee unter der Leitung des ehemaligen Ständerats von Nidwalden, alt Bundesrichter Dr. Eduard Amstad von Beckenried, koordinierte seither die Hilfe. Vom Kollegium Stans aus waren wir während des Krieges aufs engste verbunden mit der grössten christlichen Schule des Nahen Ostens, mit dem «Collège des Apôtres» der maronitischen Libanon-Missionare in der Hafenstadt Jounièh, zwanzig Kilometer nördlich von Beirut.
Von unserer Partner-Schule aus wurden die Hilfsgüter von den libanesischen Pfadfindern im ganzen Land verteilt, ganz unabhängig von Religions- oder Parteizugehörigkeit: an Christen, Moslems und Drusen. Dies hat uns im ganzen Libanon einen guten Ruf eingetragen, abgesehen davon, dass wir ausschliesslich mit freiwilligen Helferinnen und Helfern arbeiten konnten und daher nur die administrativen Spesen berechnen mussten.
Dank einer im Kanton Nidwalden ansässigen internationalen Medikamentenfirma konnten wir im Kriegsgebiet neben den Kleidern, Lebensmitteln und Schulmaterialien auch erstklassige medizinische Hilfe leisten. Die Jugendlichen füllten unzählige Gross-Container, die über Marseille nach Limassol auf Zypern gelangten. Auch die damalige Swissair stellte uns gratis Frachtraum zur Verfügung für Medikamenten-Transporte zum Flughafen Larnaka auf Zypern.
Dieses medizinische Material wurde zum Teil nachts in klapprigen Armeehelikoptern in den christlichen Hauptort nach Jounièh gebracht. Ganz besonders waghalsig und abenteuerlich waren die Schifftransporte. Unter dem Sperrfeuer der syrischen Stalinorgeln wurden die Hilfsgüter von Tragflügelbooten nachts bei gelöschten Positionslichtern im Zickzackkurs und bei über 200 km/h in den christlichen Sektor eingeschleust. Es grenzt an ein Wunder, dass dabei niemand umkam und dass kein Gramm Spenden je verloren gegangen ist.
Ein besonders erschütternder Moment war für uns alle, als mein libanesischer Kollege nach siebzehn Kriegsjahren und

totaler Abgeschnittenheit von seiner Familie erstmals wieder mit seinem Bruder in Beirut telephonieren konnte. Vor lauter Rührung konnte seine Schwägerin nur noch weinen.
Von 1988 bis 1998 transportierten wir sage und schreibe 256 Tonnen Hilfsgüter in den Libanon, davon 144 Tonnen Medikamente und medizinisches Material. Über 325 000 Franken an Spendengeldern konnten wir als Direkthilfe für Waisenkinder, Obdachlose und Bedürftige einsammeln.
Wundervoll war die Hilfe, die wir von allen Seiten, im Kleinen und Grossen, offiziell und inoffiziell, und weit über den Kanton Nidwalden hinaus erhielten: Eine Grossmüttergruppe schenkte uns nach monatelanger Arbeit Strickwaren für die kleinsten Waisenkinder. Nach dem Krieg zählte man im Libanon mit seinen drei Millionen Einwohnern rund eine Viertelmillion Waisenkinder!
Der von den Grossmächten diktierte Frieden brachte eine klare Schwächung des christlichen und des französischen Einflusses. Syrien besetzte den Libanon jahrelang, zu den drei Millionen Libanesen kam eine Million Syrer!

***

Nach dem Krieg galt es für uns, längerfristige Aufbauhilfe zu leisten. So haben wir zunächst ein Waisenheim in Eddé bei Batroun unterstützt. Dann machten wir uns an ein sehr ehrgeiziges Projekt, das eigentlich unsere Möglichkeiten bei weitem überstieg.
In der von den libanesischen Kriegswirren ganz besonders heimgesuchten Bekaahochebene zwischen den Gebirgszügen Libanon und Antilibanon begannen wir 1993 in Taalabaya mit der Einrichtung eines Solidaritäts-Zentrums.
In diesem Hochtal waren im Krieg zur Finanzierung der verschiedenen Privatarmeen viele Opiumfelder angepflanzt worden. Erschreckend hoch ist deshalb auch der Anteil junger Drogensüchtiger. Paradoxerweise sind die Probleme nach dem

Krieg noch bedeutend grösser geworden: Armut, Arbeitslosigkeit und eine galoppierende Inflation!
Die Stadt Taalabya ist mit ihren 17'000 Einwohnern etwa so gross wie Olten. Vor dem Krieg waren 80% der Bevölkerung christlich und 20% muslimisch, es gab eine maronitische Kirche und eine schiitische Moschee. Aber die Abwanderung der Christen nach dem Krieg war erschreckend. Heute ist Taalbaya zu 80% muslimisch und hat vier Moscheen.
Unser Projekt wurde wegen seiner offenen Ausrichtung nicht nur von der Schweizer Kapuzinerprovinz, den beiden grossen Landeskirchen und der Caritas Schweiz, sondern auch vom Eidgenössischen Departement für Entwicklungs-Zuammenarbeit DEZA unterstützt. In fünf Jahren haben wir über eine Million Franken Spendengelder gesammelt.
Am 26. Juli 1998 wurde das Sozial-Zentrum in Taalabaya unter dem Patronat der Caritas Schweiz schlüsselfertig der juristischen Verantwortung der einheimischen Behinderten-Organisation «Al Zawrak», arabisch «Hoffnung» übergeben. Ein Transparent mit der Aufschrift «Taalabaya remercie la Suisse» empfing die Gäste, der Erzbischof von Zahlé, Mgr. Georges Skandar, weihte das grosse Gebäude ein.
Seither werden darin behinderte Jugendliche und Erwachsene, insbesondere Waisen aufgenommen und ausgebildet. Daneben wird auch weiterhin die medizinische Versorgung der ärmsten Bevölkerungsschichten organisiert.
Der kanadische Priester Ives Prévost ist der geistliche Begleiter der Behindertengemeinschaft. Geführt wird das Zentrum von der Libanesin Chantal Zoghby aus Zahlé.

***

Unter dem bewährten Signet der schweizerischen Tanne und der Zeder des Libanon führten wir diese Hilfe von der St. Martinspfarrei Olten aus weiter, koordiniert von einem Aktions-Komitee unter dem Präsidium von Stadtrat Dr. Martin Wey.

In den vergangenen zehn Jahren durften wir dem libanesischen Behindertenzentrum weitere Spendengelder im Gesamtbetrage von über einer Viertelmillion Franken zur Verfügung stellen.

Während dem brutalen israelischen 34-Tage-Krieg im Juli 2006 blieben Taalbaya und unser Zentrum weitgehend unversehrt. Unser Schutzkeller war während der Bombenalarme einer der wenigen sicheren Zufluchtsorte für Flüchtlinge und Waisenkinder. Auch viele Einheimische erhielten hier ihre Verpflegung und medizinische Hilfe. Aber die Situation war äusserst brisant, denn die nächste «Permanence» der schiitischen Hisbollah war nur gerade 100 Meter vom Zentrum entfernt.

Die anhaltend instabile Lage im Libanon macht unser Engagement besonders für die armen Bevölkerungsschichten weiterhin dringend nötig. Unsere christliche «Arche» mitten in einer vorwiegend muslimisch gewordenen Umwelt möchte zu gutem Einvernehmen zwischen den Religionen und zu einem dauerhaften Frieden im Nahen Osten helfen.

Freundschaft – sagt die Weisheit des Altertums – das ist vor allem zweierlei: Anteilnahme und Mitgefühl, Sympathie und Solidarität.

GREGOR MÜLLER

Langeweile und Schlaf im Walliser Gymi
zwangen mich zu karikieren mes chers amis:
Damit dies nicht ewig blieb ein blosses Alibi,
hab' ich's weiter getan, oft kurz bis vor minuit,
zu Freud' und Ärger halt der vielen Zielscheibli:
Doch, mein Stift: meine Art zu sein ein Dimitri ...

HANSPETER BETSCHART
Muotathal und Entlebuch
bringen Hochdorf den Geruch.
Homer, Vergil, vorab die Bibel
treiben seine Lebens-Zwiebel:
Ein frommes Schlitzohr, ein Schlawiner,
der Oltner Merlot-Kapuziner!

Umschlag, Layout, Satz Bruno Castellani
Lektorat Franziska Hervet-Furgler
Druck und Einband Druckerei Ebikon AG

Spendenzweck
Der gesamte Erlös fliesst in das Sozial-Zentrum für geistig behinderte Jugendliche in Taalabaya/Libanon

Raiffeisenbank Olten, PC 46-90-0
Spendenkonto 20641.67: Solidaritäts-Zentrum Taalabaya

Dieses Buch wurde in der Schweiz hergestellt.

www.knapp-verlag.ch
ISBN 978-3-905848-24-3